강남 아파트보다

반지하가 좋다

강남 아파트보다 반지하가 좋다

반지상 지음

무한

프롤로그

　회사라는 쳇바퀴 도는 생활에서 탈출하고 싶었다. 월급이라는 영양제를 맞고 매달 25일을 기다리며 살고 있지만, 삶이 나아지지 않았다. 쥐가 쳇바퀴 속에서 열심히 달리고 있지만, 앞으로 나아가지 못하듯이, 내 삶도 쳇바퀴를 달리고 있는 쥐와 같았다. 월급은 받고 있지만, 내 삶에 '진보'는 없었다. 굴레에서 벗어나기 위해 여러 가지 재테크 서적을 찾아 봤지만, 현실과 거리가 멀었다. 100억을 번 월급쟁이, 월세로 1000만 원 받기 등, 많은 책을 읽어 봤지만 공감 가지 않았다. 더도 말고 딱 월급만큼만, 자유소득이 생긴다면 회사라는 굴레에서 벗어날 수 있을 것 같았다.

　그래서 부동산 경매를 시작했다. 부동산을 싸게 살 수 있다는 환상에 빠져서 말이다. 경매를 시작하기 전에는, 1억 원짜리 부동산을 5000~6000만 원에 낙찰받을 수 있을 줄 알았다. 하지만 실제로 참여해 보면, 9000만 원에 낙찰받기도 어려운 게 요즘 경매 시장이다. 1000만 원 벌자고 경매를 하는 것은 미친 짓이다.

물론, 1000만 원은 큰돈이다. 하지만 경매는 일반 부동산 거래와 차이가 있다. 집 내부를 보는 게 쉽지 않아 하자 보수비용이 발생할 수 있다. 또 권리분석의 잠재적인 위험이 있어 추가로 비용이 들 수도 있고, 경매를 당한 거주자가 다른 곳으로 이사 가는 시간도 얼마나 걸릴지 모른다. 그리고 부동산 취득 후, 매매를 할 경우 부동산 수수료와 취득세 등 여러 가지 비용이 발생하기 때문에, 1000만 원 싸게 낙찰받아 얼마를 남길 수 있을지 모르겠다.

이 책은 반지하 빌라 경매를 다룬 대한민국 최초의 책이다. 아무도 주목하지 않은 반지하 빌라로, 평범한 월급쟁이가 경제적인 자유를 누리는 과정에 대해 서술했다. 반지하 빌라의 장점에 대해 뒤에 설명하겠지만, 당신이 생각하는 것보다 매력적인 투자 상품이다.

200~300만 원 받는 월급쟁이에게 자신이 살고 있는 집 외에 몇 억 원 하는 부동산에 투자하라는 책이 아니다. 치열한 부동산 경매 시장에서 현실적인 최고의 소액 투자 상품이 '반지하 빌라'라고 감히 말하고 싶다.

다음과 같은 월급쟁이가 읽으면 도움이 될 것이다.

- 회사를 그만두고 싶지만 지금 그만둘 수 없는 월급쟁이
- 회사를 다니며 월급만큼 월세를 만들고 싶은 월급쟁이
- 갭투자보다 현금흐름 투자를 선호하는 월급쟁이
- 경제적인 자유를 꿈꾸는 월급쟁이
- 자산과 부채를 정확히 이해하고 좋은 빚을 낼 자신이 있는 월급쟁이
- 중간은퇴(Semi-retirement)를 꿈꾸고, 제2의 삶에 대해 적극적으로 준비하고 싶은 월급쟁이

다음과 같은 사람에게는 도움이 되지 않으니 다른 책을 읽자.

- 회사에서 능력을 인정받고 높은 위치에 올라가는 게 최고라고 생각하는 월급쟁이
- 평생 근로소득으로 살아가고 싶은 월급쟁이
- 집 가격이 오르길 기다리며 갭투자를 선호하는 월급쟁이
- 빚은 악(惡)이라고 생각하고 저축이 최고라고 생각하는 월급쟁이
- 제2의 삶은 국가나 개인연금이 책임져 줄 거라 생각하는 월급쟁이

경제적 자유를 누리고 싶은 사람은 많다. 왜 경제적 자유를 누려야 하고 더 나아가 부자가 되어야 하는가? 좋은 외제차를 탈 수 있어서 인가? 한강이 내려다보이는 집에서 살고 싶어서 인가?

우리는 보통, 부자를 부러워하는 이유가 '그들의 소유물에 때문'이라고 생각한다. 하지만 궁극적으로 '자기 자신과 가족을 위해 쓸 시간이 상대적으로 많기 때문'이다.

내가 경제적인 자유를 누리고 싶은 이유는, 월세를 받아서 편하게 놀고먹고 싶어서가 아니다. 사랑하는 가족과 함께 더 많은

시간을 보내고 싶고, 나 자신을 위해 더 투자하고 싶어서다. 시간과 자유는 인간이 돈으로 살 수 있는 가장 소중한 것이다. 이 책을 읽는 독자들에게도 시간과 자유를 사는 방법에 대해 조금이라도 보탬이 되고 싶다.

반지상

목 차

프롤로그 006
가장 궁금해하는 질문 best 5 012

1장 나는 왜 발칙한 월급쟁이가 되었나

평범한 월급쟁이 VS 발칙한 월급쟁이	017
회사라는 여객선	023
대다수가 가는 길	031
평범한 월급쟁이의 재테크	038
무엇을 해야 하는가?	044
월급쟁이가 불안한 이유	048

2장 부동산경매로 두 번째 구매자가 되라

부동산 경매를 만나다	055
부동산 임장은 사랑이다	061
부동산 경매의 환상	068
투자의 2가지 방향	072
나만의 부동산을 찾다	079
첫 반지하 빌라 취득	084
어떤 반지하를 골라야 하나?	093
왜 반지하를 주목했나?	101

3장 발칙한 월급쟁이의 부동산 관찰

파이프라인 이야기	113
자산과 부채	119
인플레이션을 막는 타임머신 티켓을 끊어라	128
부동산의 불편한 진실	133
부동산이 나에게 준 3가지	140
부동산 정책과 투자	146
은행은 어떻게 내게 23건의 대출을 해주었나?	153

4장 지금 투자하고 행동하라 – 실전 반지하 경매 노하우

얼마를 써야 할까?	165
재경매 물건으로 수익률을 무한대로	172
반지하 빌라 VS 오피스텔 원룸	178
경매는 머리가 아니고 발로 하는 것	185
경매사건의 재구성 – 은행에서 대출 받기	191
명도하기 – 시간을 내 편으로 만들어라	200
집 수리 노하우	208
위험관리는 어떻게 하는가?	216
월세 받기 TIP	224
작은 실패를 하라	233

5장 발칙한 월급쟁이의 경제적 자유 누리기

절약의 역설	243
남다른 연봉 올리기	249
가난한 사람은 게으르다?	254
경제적 자유를 누릴 수 있었던 2가지 이유	259
회사는 언제 그만두어야 하는가?	264
에필로그	268

+ 반지하 빌라 23채 보유

 가장 궁금해하는 질문 best 5

1. 관리는 어렵지 않나?

쉽지는 않지만, 어렵지도 않다. 회사처럼 하루 8시간 이상을 들여서 하는 일은 아니다. 회사를 다니며 5년 동안 회사일과 집 관리를 병행했다. 집 관리의 대부분은 내가 직접 하는 일이 아니고, 동네 주변의 수리기사들을 불러주는 간접적인 일이다. 간혹 내가 직접 처리해야 할 경우는 세입자와 시간을 맞춰 주말로 미루면 된다. 매달 잊지 않고 할 일은 월세 날에 맞춰 세입자에게 문자 메시지만 잊지 않고 보내면 된다.

2. 세금은 어떻게 되나?

내가 보유한 낡은 반지하 주택은 겉이 화려한 주택들보다 세금 감면에서 유리하다. 정부가 권장하고 있는 주택임대사업자에 등록한다면, 종합부동산세를 면제 받을 수 있고, 면적에 따라 양도세도 비과세 또는 감면을 받는다. 면적과 임대기간에 맞춰 재산세는 감면 또는 면제를 해주고, 소득세도 감면 받을 수 있다.

소득이 노출된다고 해도, 여러 가지 세금을 면제 또는 감면 받기 때문에 주택임대사업자 등록에 두려워할 필요는 없다.

3. 주택임대사업자가 되려면?

내가 거주하고 있는 주택 외에 1채 이상의 주택이 있으면, 등록이 가능하다. 1채를 보유하고 있는데, 그곳에 내가 거주하고 있으면 등록할 수 없고, 내가 거주하지 않고 있다면 가능하다.

경매로 낙찰받은 주택의 등기부등본을 지참하여 각 시, 군, 구청 등에 있는 주택과에서 등록을 하면 되고, 세금에 관해서는 거주지의 세무서에서 신고하면 된다.

4. 왜 서울의 반지하를 선택했나?

실제로 경매 입찰에 참여해 보면, 서울의 아파트나 지상층 빌라는 싸게 낙찰받기가 어려웠다. 저렴하게 낙찰받을 수 있는 물건은 서울과 수도권 이외의 지역인 경우가 대부분이다. 경매도 중요하지만, 회사도 중요했다. 서울에서 직장을 다니면서 경매에 참여해야 했기 때문에 타 지역은 입찰과 관리가 어려웠다. 그래서 서울에 위치한 주택 중 저렴하게 낙찰받을 수 있는 반지하 빌라를 선택했다. 반지하 빌라를 계속 경매로 구매하다 보니, 겉보기보다 장점이 훨씬 많은 훌륭한 투자물건이었다. 사람들은 내가 허름한 서울의 반지하 빌라를 사고 있다고 생각한다. 하지만, 나는 서울의 땅을 사고 있는 것이다.

5. 평범한 나도 경제적인 자유를 누릴 수 있을까?

나는 좋은 학교를 나온 똑똑한 사람도 아니고, 집에 돈이 많은 것도 아니다. 부동산에 관련된 일도 해본 적도 없고, 관련 학위도 없다. 그저 평범한 월급쟁이였다. 평범한 내가 해냈으니, 당신도 분명히 할 수 있다.

Semi-basement

나는 왜 발칙한 월급쟁이가 되었나

미친 짓이란 항상 똑같은 일을 되풀이하면서
다른 결과를 기대하는 것이다.

• 알베르트 아인슈타인 •

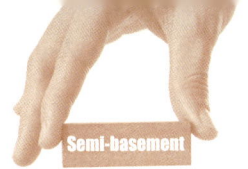

평범한 월급쟁이 VS 발칙한 월급쟁이

교토삼굴(狡兔三窟), 교활한 토끼는 세 개의 굴을 판다. 위기 상황을 대비하여 비상탈출구 세 개를 만들어 놓는다.

나는 교활한 토끼가 되어, 인생의 경제적인 위기를 대비하기로 했다. 회사 일만 열심히 하는 평범한 월급쟁이에서 인생의 출구 작전을 준비하는 '발칙한 월급쟁이'가 되기로 했다.

'평범한 월급쟁이'는 열심히 일한다

회사 하나만 바라보고, 오래 살아남기 위해 일을 한다. 이들은

"강한 자가 오래 살아남는 게 아니고, 오래 사는 자가 강한 자다"라는 말을 자주 한다. 회사 일이 좋아서 열심히 하는 것은 아니다. 돈 버는 방법이 회사에서 일하는 것밖에 없기 때문이다.

이들은 가족을 위해 일한다. 생계를 책임지고 있으니, 희생한다고 생각한다. 열심히 일하지만 희망은 보이지 않는다. 자기 자신의 삶이 없기 때문에 즐겁지 않다.

잘리지 않기 위해 일한다. 회사 일을 몇 년 했기 때문에, 어쩌면 가장 편한 일이다. 다른 삶에 대해 꿈꾸지 않는다. 목표는 더 좋은 회사로 '이직', 그게 안 되면 '오래 다니기'이다. 시간이 지나면 '어떻게 되겠지'라는 막연한 생각과 노동을 통해 돈 벌 생각을 한다. 국가의 복지제도가 좋아져 나를 책임져 줄 것이라고 생각한다.

그래서 시간을 끌어야 한다. 아이가 대학에 들어갈 때까지 버텨야 한다. 이왕이면 아이가 취업하고 자리를 잡고 결혼할 때까지 남아 있으면 한다. 시간을 끌기 위해서 회사에게 잘 보여야 한다. 회사가 무리한 요구를 해도 어쩔 수 없이 한다. 회사가 주는 월급에 대한 당연한 대가라고 생각한다.

업무시간 외에는 여러 가지 활동을 한다. 회사에서 하루 종일 스트레스를 받았으니, 보상을 받아야 한다고 생각한다. 평일 저녁은 동료나 친구를 만나 술과 대화로 스트레스를 푼다. 주말에는 가족과 시간을 보내거나 친구를 만난다. 그밖에 텔레비전 보기, 스마트폰 게임 등을 한다. 매일 바쁘다. 하지만 정작 나를 위해 투자하는 시간이 없다.

회사를 떠나고 싶지만 떠날 수 없다. 처자식이 있으니 말이다. 솔직히 말하면, 회사를 떠나도 무엇을 해야 할지 모른다. 무엇을 좋아하고, 무엇을 하고 싶은지 모른다. 하지만 이 고민은 나중으로 미룬다. 지금은 회사를 다닐 만하기 때문이다. 아직까지 명예퇴직은 나와 상관없는 일이다. 언제까지 일지 모르지만, 이곳에 좀 더 남아 있어야 한다. 그래서 평범한 월급쟁이는 열심히 일한다.

'발칙한 월급쟁이'도 열심히 일한다

하지만 회사 하나만 보고 다니지는 않는다. 이들은 "회사 안에서 오래 살아남는 게 아니라, 자유로운 삶 안에서 오래 살아남을 거다"라는 말을 자주 한다. 이들은 좋아하는 일을 찾고, 행동하기 위해 열심히 일한다. 예전같이 회사가 평생 나를 책임져 주지 않는 걸 알고 있다. 그래서 회사가 나가라고 할 때를 대비하여 미래를 준비한다.

이들은 나 자신을 위해 일할 준비한다. 지금은 가족의 생계를 위해 일하지만, 준비가 되면 자기 자신을 위해 살 거라고 생각한다.

 이들도 현재 돈 버는 방법은 회사가 주는 월급밖에 없다. 하지만 회사를 다니면서 할 수 있는 일을 끊임없이 찾는다. 한 가지 수입이 위태롭다는 것을 알고 있기 때문이다.

 미래를 준비하기 위해 일한다. 경제적 자유를 누리기 위해선 투자금이 있어야 하기 때문에 회사 월급을 이용한다.

 회사에서 일하는 것을 내가 원하는 삶을 준비하는 과정이라고 생각한다. '시간이 지나면 어떻게 되겠지'라고 수동적인 생각을 하지 않는다. '누군가 내 인생을 바꿔줄 것이다' 생각하지 않는다. 자신이 석극적으로 행동하여 삶을 스스로 바꾸려고 한다. 삶의 '중간은퇴(Semi-retirement)'를 꿈꾼다.

 이들 역시 시간을 끌어야 한다. 경제적 자유를 이뤄 놓을 시간을 벌어야 한다. 나와 가족이 몇 년 정도 일하지 않아도 살 수 있는 자유소득을 만들어야 한다.

 이들 역시 회사에게 잘 보이기 위해 노력한다. 하지만 월급 외에 자유소득이 조금씩 늘어나고 있어 눈치는 덜 본다. 눈치를 덜 보니 회사생활에 스트레스는 줄어들고, 오히려 업무성과는 좋아진다.

 이들은 회사생활 외의 활동을 줄이려 한다. '무엇을 할 것인가?'가 아니라 '무엇을 하지 않을 것인가?'가 중요하다는 걸 알고 있다. 술자리를 갖는 것도 좋아하고, 텔레비전 보기와 스마트폰 게

임도 좋아한다. 하지만 모든 것을 다 하면, 정작 하나도 제대로 할 수 없다고 생각한다. 원하는 바를 이루기 위해서는 집중적으로 무엇인가를 파고든다. 가족과 나를 위한 시간을 먼저 갖는다.

이들도 회사를 떠나고 싶지만, 처자식이 있어 회사를 그만둘 수 없다. 하지만 지금부터 준비할 것이다. 월급보다 자유소득이 많아지면 미련 없이 그만둘 것이다. 회사를 그만두고 무엇을 할지 항상 생각한다. 내가 좋아하는 게 무엇일지 끊임없이 고민한다. 안정적인 직장을 찾는 것이 아니라, 죽는 날까지 할 수 있는 업(業)을 찾는다. 하지만 아직은 회사를 그만둘 준비가 되지 않았다. 영리한 토끼가 세 개의 굴을 파는 것처럼, 회사를 다니며 나만의 탈출구를 만들 것이다. 그래서 발칙한 월급쟁이도 열심히 일한다.

나는 평범한 월급쟁이다. 남들처럼 정년까지 일한 후, 은퇴하여 제2의 삶을 살고 싶다. 하지만 평범하게 사는 것도 쉽지 않다. 회사의 경영악화로, 계속 회사에 남아 있을 수 없다는 걸 알고 있다. 다른 회사를 알아봤지만, 업계의 불황으로 다른 회사 사정도 어렵기는 마찬가지다.

회사를 그만두려 했지만, 수입 없이 살아가기가 두렵다. 가족의 생계를 책임지고 있기 때문에 월급 없이 살아갈 수 없다. 아마 한 달도 버티기 힘들 것이다.

회사를 그만두면, 경력의 공백이 며칠, 몇 개월, 몇 년이 생길지 알 수 없어서 그만둘 수 없다. 남들은 쉽게 회사를 박차고 나오는 것 같은데, 나는 그런 용기가 나지 않는다. '무조건 그만두고 보자'라는 말은 나와 맞지 않다.

그래서 나는 회사를 그만두지 않고, 미래의 위기를 준비하기로 했다. 시간이 얼마나 걸릴지 모르지만, 회사를 다니며 다른 소득을 만들기로 했다. 자유소득을 모아 쳇바퀴 도는 생활에서 벗어날 것이다. 경제적인 자유를 만들어, 내가 하고 싶은 일을 하며 평생을 살아갈 것이다. 그래서 나는 '평범한 월급쟁이'에서 '발칙한 월급쟁이'가 되기로 했다.

회사라는 여객선

남들이 한다고 따라 하지 마세요. 남들도 어리석을 수 있어요. 바보마을에서는 멀쩡한 사람이 바보가 됩니다.
성공한 사람이 하는 말이니까. 유명한 사람이 하는 말이니까. 나보다 더 많이 배운 사람의 말이니까. 그냥 받아들이지 마시고 의심하고 따져보세요. 정말 그들의 말이 나에게도 정답인지 말이에요. 남의 것을 참고하는 건 좋지만 그것은 모방이 아니라 벤치마킹이어야 합니다.

『어떤하루』 p99, 진준모, 프롬북스

6년 전 5월 23일, 따스한 봄날, 나는 치열한 경쟁률을 뚫고 커다란 여객선을 탄다. 그것을 왜 타야 하는지 이유는 의심해 보지 않는다. 이 세계에서는 학생이라는 딱지를 떼면 모두가 여객선을 탄다.

'왜 여객선을 타야 하는지' 이유는 묻지 않는다. 때가 되면, 모두가 다 타기 때문에 '왜'라는 건 중요하지 않다. 남들이 타니까 나도 탄다.

여객선을 타는 이유보다 '남들보다 크고, 화려한 여객선'을 타는 게 중요하다. 그래야 남들이 나를 부러워한다. 남들이 볼 때 '저 친구 성공했네'라고 생각한다. 사람들을 만나서 '나는 이 정도의 여객선을 타고 있어'라고 말할 수 있다. 그리고 부모님도 자랑스러워하신다.

주변 사람들의 축하와 부러운 시선 속에서 커다란 여객선에 오른다. 마치, 배를 타는 이유가 태어나면서부터 정해진 사람처럼 아무런 의심을 하지 않는다.

이 배는 평균속도 25노트를 유지할 수 있고, 배 안에는 각종 편의시설을 이용할 수 있다. 5성급 호텔 수준의 객실, 의료시설, 헬스클럽, 수영장, 무도장, 영화관을 갖추고 있다. 이곳엔 부족한 시설이 없다. 승무원들과 여행객들도 친절해 보인다. 그저 편하고 안전하게, 여객선에서 여행을 즐기면 된다. 다만, 이 여행이 얼마나 걸릴지 모른다. 목적지도 어디인지 모른다. 하지만, 이것들도 중요하지 않다.

여객선은 빠르게 움직이고 있으니, 어딘가로 도착할 것이다. 그저 나아가기만 하면 된다. 배가 움직이고 있으면 마음은 편하다. 그리고 사람들 말처럼, 큰 배는 해풍과 파도에 잘 견딜 수 있으니 안전하게 나를 지켜 준다. 내 삶에 안전이 제일 중요하다. 그래서 나는 안전한 길만 선택한다. 어디를 가고, 얼마나 가느냐보다 안전한 길이 좋다.

이 여객선에서는 매주 금요일과 토요일 저녁이면, 파티가 열린다. 나는 다른 여행객들과 파티를 즐기기만 하면 된다. 배에서 생활이 너무 즐겁기 때문에, 여객선이 어디로 향하는지 관심이 없다. 아니, 관심을 가질 필요도 없다.

파티를 한창 즐기고 있을 때, 한 젊은 여행객을 만났다. 그는 검은 상의와 베이지색 바지 차림으로 매우 단정했다. 약간은 살이 쪄 보였고, 피부는 약간 그을려 있었다. 나는 그에게 말을 걸었다.

"어떻게 이 배를 타게 되었습니까? 요즘 같은 불경기에 여객선을 타기 힘드셨을 텐데요?"

젊은 여행객이 대답했다.

"대학을 졸업하고, 크고 화려한 여객선에 승선하는 날만 보고 달려왔습니다. 국가에서 운영하는 청년 여객선도 타보고, 대기업에서 운영하는 인턴 여객도 경험했습니다. 운이 좋아서 이 배를 탈 수 있었지만, 아직은 부족합니다."

"부족하다니요? 이 정도면 훌륭하지 않나요?" 내가 물었다.

"맞아요. 이 배는 정말 환상적입니다. 매일 무료로 제공하는 식사와 매주 진행하는 파티는, 비교할 여객선이 없습니다. 하지만 의료시설이 형편없더라고요. 이건 비밀인데 몇 년만 이 여객선에서 경험을 쌓고, 다른 여객선으로 옮겨 탈 겁니다."

대부분 젊은 여행객들은 더 큰 여객선으로 옮길 계획을 갖고 있고, 나이 든 여행객들은 이 여객선에서 최대한 오래 머무르려 한다.

그러던 어느 날, 즐겁고 편안할 줄 알았던 여행에 나쁜 소문들이 들렸다. 안전하다고 믿었던 여객선에 문제가 생겼고 한다. 작은 암초에 부딪쳐 배 밑바닥에 작은 구멍이 생겼고, 바닷물이 점점 차오르고 있다는 것이다. 또한 혼란한 틈을 타고, 이 배의 선장은 식량들과 연료를 육지로 몰래 빼돌리고 있다고 한다.

위기 상황이다. 하지만 승객들의 동요를 막으려는지, 아무런 경고방송도 없다. 그렇다고 가만히 앉아서 기다릴 수 없다.

'누군가 배를 수리하고, 돈에 눈이 먼 선장이 정신 차리기만을 기다려야만 한단 말인가? 육지는 멀지만, 배가 침몰하기 전에 당장 뛰어내려야 한다. 그래야 살 수 있다.'

내 머릿속에서 비상 사이렌이 울렸다. 머리는 움직이라 했지만, 행동할 용기가 나지 않았다. 겉에서 볼 때 배는 아직 멀쩡했고, 내가 잘못된 소문을 들었을 수 있다.

그래서 주변을 살펴보고 행동하기로 했다. 왜냐하면 나는 이런 경험이 처음이고, 수습 딱지도 이제 뗀 신입 여행객이기 때문이다.

나보다 오랫동안 여행한 선배를 보고 판단하려 했다. 분명히 그들은 내 목숨을 연장하는데 도움을 줄 수 있다. 그리고 주변 사람들을 관찰하고, 여러 사람들과 대화를 했다.

나는 여행에 노련한 A선배에게 질문했다.

"선배님, 배가 가라앉고 있다는 소식을 들었습니다. 아직 겉보기는 멀쩡하지만 분명히 가라앉고 있는 게 느껴집니다. 선배님은 어떻게 하실 건가요? 경험이 많으시니, 해답을 알고 계시겠죠?"

A선배는 대답했다.

"나도 10년 정도 여행을 했지만, 이런 경험은 처음이야. 일단 무조건 버티라고. 구조선이 곧 올 거야. 아, 확실하진 않지만 얼마 전에 소문으로 들었어. 내부 수리공들이 해결책을 찾고 있다고 말하더군. 아직 시간은 많아. 느긋하게 우리는 그저 묵묵히 여행을 즐기면 된다고."

나는 아직 확신이 서지 않아, 더 연륜이 많은 B선배에게 물어봤다.

"선배님, 배가 가라앉고 있다는 소문이 무성합니다. 어제는 샤워하는데 물에 바닷물이 섞여 나오더군요. 아무래도 마음이 편치 않습니다. 선배님은 15년 이상을 여행하셨으니 해답을 알고 계시겠죠?"

여행에 더 노련한 B선배는 대답했다.

"글쎄, 나도 배가 가라앉고 있는 걸 느꼈어. 당장 뛰어내려야 할 것 같아. 이러고 있다간 우리 모두 다 죽고 말 거야. 급한 대로 빨리 구명조끼 좀 챙겨서 같이 뛰어내리자고. 아, 그런데 육지는 여기서 보이지도 않잖아. 난 육지에 기다리는 딸과 부인이 있어. 지금 바다에 뛰어들어 상어 밥이 되는 거나, 기다렸다가 배가 침몰할 때 수상당하나 똑같은 거 아니야? 일단 기다리자. 기다리다 보면 누군가 해결책을 찾을 거야. 샤워하는 물이 짠맛이 난다고 해도 조금만 참으라고. 적어도 먹는 물에 소금이 섞인 건 아니잖아. 난 기도나 하고 있으려고. 너도 기도해. 우리가 할 수 있는 건 이것밖에 없어."

이렇듯 모두가 배가 가라앉고 있음을 느꼈다. 하지만 누구도 행동하는 사람은 없었고, 근본적인 대책 마련은 하지 않았다.

비관론자와 긍정론자가 팽팽히 대립했다. 사람마다 의견은 분명 달랐지만 한 가지 의견만은 같았다. 바로 '기다려보자'였다. '언제 침몰할지 모르지만, 시간은 아직 많다'라는 생각에 모두 가만히 기다렸다.

하지만 나는 마냥 기다릴 수 없다. 생명을 위협하는 상황에서, 막연한 긍정은 오히려 무책임하다. 나는 긍정주의자이다. 미래를 긍정적인 상황으로 만드는 것도 내 몫이다.

긍정주의자는 현실주의자다. 미래의 상황을 긍정으로 만들기 위해선, 현실을 인지해야 한다. 그리고 준비해야 한다. 지금은 아무것도 갖추지 못해, 무작정 바다에 뛰어드는 것은 자살행위나 마찬가지다. 다행히, 나에게는 아직 시간은 있다. 배가 침몰하기 전에 나만의 안전장치를 만들어야 한다.

나는 수영을 하지 못한다. 그래서 남들보다 성능 좋은 라이프재킷과 구명보트를 제작하기로 한다. 소중한 내 목숨이 걸린 상황에서 남들의 의견만 듣고 행동하지 않기로 다짐한다.

다수의 길이 항상 옳은 것은 아니다. 내가 사는 이 세상이 바보의 세상일 수도 있다. 남들을 보고 판단하지 않겠다. 오직 내 생각대로 판단하고 행동할 것이다.

남에게 의존하지 않고, 내 목숨은 내가 지켜야 한다. 그래서 나는 남들과 다르게 행동하기로 했다.

침몰하고 있는 여객선에서 당장 뛰어내릴 수 없었던 것처럼, 회사의 경영난으로 월급을 못 주는 회사도 당장 그만둘 수 없다. 지금 그만둘 수 없다면, 회사에 있는 동안 준비해야 한다. 자신만의 생명구조 장치를 스스로 만들어야 한다. 지금 회사를 그만둘 수 없으니, '근로소득'을 이용하여 '자유소득'이라는 안전장치를 만들자.

　당신이 평범한 월급쟁이라면 회사의 경영위기나 구조조정, 명예퇴직, 부당인사에 휘둘리기 전에 준비해야 한다. 누군가에 의존하지 말고 스스로 대비해야 한다. '자유소득' 시스템을 만들어 경제적인 자유를 누리자. 발칙한 월급쟁이가 되어 시간이 지날수록 가라앉고 있는 근로소득의 생활에서 당당히 먼저 뛰어내려야 한다.

대다수가 가는 길

　세상 사람들은 안전한 길로 가라고 말한다. 학생 때는 선생님 말씀을 잘 듣는 게 안전한 길이다. 선생님은 항상 공부를 열심히 하라고 하니, 그것이 안전한 길인 줄 알았다. 그래야 좋은 대학에 갈 수 있다. 좋은 대학에 가는 게 안전한 길이다. 좋은 대학에 가야 좋은 직장을 얻을 수 있다. 좋은 직장은 안전한 삶을 제공해 준다고 믿는다.

　안전하다고 믿는 길이 좋은 이유는, 대다수 사람들이 가는 길이기 때문에 생각할 필요가 없다. 주변 사람만 보고 가면 되서 마음은 편하다. 나도 평생 안전한 길만 선택하며 살았다. 남들이 다 대학을 가니, 나도 대학을 갔다. 졸업이 다가오니, 남들처럼 취업

준비를 했고, 회사에 들어갔다. 남들이 좋은 회사라고 말하니 의심하지 않았고, 회사를 평생 다니는 게 안전한 길이라고 믿었다.

5년 후면 회사에서 대리, 10년 후면 차장, 15년 후면 회사의 부장 정도 될 것이다. 다른 생각하지 않고, 열심히 일만 하면 된다. 그러면 회사에서 내 능력을 인정해 주고, 자연스럽게 직급이 올라가고, 월급도 올라간다. 남들처럼 걱정 없이 평범하게 살 수 있다.

하지만 얼마 가지 않아, 내 인생에 큰 위기가 찾아왔다. 건설업계의 불황으로 신규 일거리가 줄었고, 대표이사의 횡령과 배임으로 회사는 어려움에 빠셨다.

회사는 내가 입사한 첫 달에 연장근로 수당을 삭감했다. 둘째 달에는, 지진이라도 난 것처럼 회사 고층 빌딩이 흔들렸다. 앞으로 벌어질 위기를 경고하듯 사무실이 흔들렸다. 놀란 직원들은 32층을 계단으로 뛰어 내려가 대피했다. 그 후, 건물 안전점검을 이유로 며칠 동안 출근하지 못했다.

재정적으로 어려운 상황에서 회사 건물까지 흔들리자, 직원들의 마음도 흔들렸다. 모두가 걱정하던 대로 월급이 밀리기 시작하자, 내 삶도 흔들렸다.

회사는 한 달 치 월급을 연체했다.

"곧 급여가 정상화가 되겠지. 걱정하지 말고 하던 일이나 열심히 하자고."

두 달 치 월급을 연체했다.

"다음 달에는 나올 거야. 조금만 더 버티자고."

두 달이 지나고 결국 여섯 달 치 월급을 연체했다.

"이번 달엔 한 달 치라도 줄 거야. 아니, 반이라도 말이야. 내가 인사총무부에서 소식을 들었거든. 하지만 확실히 모르니 마이너스 통장이라도 만들어야겠어. 당장 생활비도 없다고."

밀린 월급은 직월들에 생계마저 위협했다. 불안한 대다수 직원들은 마이너스 통장을 만들기 위해 은행으로 향했다. 하지만 은행은 신용도가 떨어진 회사의 직원들에게 마이너스 통장을 개설해 줄 수 없다고 했다.

'은행은 쨍쨍한 날에는 우산을 빌려주고, 비 오는 날에 우산을 돌려 달라고 한다.'

미국의 시인 로버트 프로스트가 비유한 것처럼 은행은 냉정했다.

출혈이 심한 환자에게 수혈을 해주지 않으면, 생명을 잃을 수 있다. 생활비 지출이 대부분인 월급쟁이에게 월급을 주지 않는 건 살인 행위와 같다. 가정을 무너뜨리는 일이고, 더 나아가 국가 경제를 망치는 끔찍한 일이다. 월급이 없는 나는 생명의 위협을 느꼈다.

'왜 이런 일이 벌어졌을까?, 어디서부터 잘못되었을까?'

상황을 해결하기 위해 주변 사람들에게 방법을 구하고, 혼자서 생각해봤지만, 별로 도움이 되지 않았다. 지금까지, 남들처럼 좋은 회사에 들어가려 노력했고, 오직 회사 일만 열심히 했다. 하지만 평생의 일자리를 책임져 줄 것 같던 회사에게 배신감이 들었다.

"곧 월급이 나온다. 조금만 참아보자. 버티고 기다려 보자"라는 주변의 위로는 도움 되지 않았다. 얼어붙은 채용시장에서 국내 최고의 실력을 갖춘 직원들도 동종업계로 이직하지 못했다. 다른 업종의 일은 알아보지도 않았다. 그저 기다리는 일밖에 하지 못했다.

내 존재는 나뭇잎 같았다. 나뭇잎은 나무가 없으면 살 수 없다. 홀로 서 보려 해도, 나무줄기가 영양분을 공급해 주지 않으면 살 수 없다.

회사가 월급을 주지 않으면, 월급쟁이는 살 수 없다. 회사에서 최고의 토목설계 기술자가 되어도, 회사가 있지 않으면 의미가 없었다. 과장, 차장, 부장이 되는 것 또한 의미가 없었다. 회의감과 무력감이 한동안 나를 지배했다.

가장 답답한 일은 이런 상황에서 내가 어떻게 행동해야 할지 몰랐다. 학교에 있을 때처럼 정해진 방향이 없었다. 학생 때는 선생님 말씀대로 열심히 공부하면 되고, 졸업 후에는 남들처럼 취업 준비를 하면서 영어공부와 자격증 취득을 하면 된다.

이렇게 남이 말하는 대로 행동했고, 남들이 좋다고 생각하는 회사에 취직했으나, 회사가 월급을 주지 않으면 어떻게 해야 하는지 알려주는 곳은 없었다. 나 역시 남들처럼 기다리고 있을 수밖에 없었다.

시간이 지나 회사는 기업 회생 절차를 밟았고, 직원들에게 밀린 월급은 몇 개월에 걸쳐 주었다. 하지만 회사의 존폐 여부가 확실하지 않았다. 나는 내 인생을 회사만 믿고 일할 수 없었다.

뒤돌아 생각해보니 지금까지 내가 왔던 길은 스스로 가고자 하는 길이 아닌, 남들이 가는 길이었다. 대다수가 가는 길이니까 안전하다고 생각했고 마음 역시 편했다. 하지만 이런 생각은 인생에 대한 예의가 아니다.

무책임하게 남들을 따라 지금까지 살아온 일, 이것이 고도 자본주의가 내린 벌이었다. 스스로 서지 못하고 회사에 의지해서 살면, 내 인생은 휘둘린다.

또한, 회사를 계속 다닌다고 해도 내 미래 모습인 회사 선배들의 삶을 살펴보니, 그렇게 행복해 보이지 않았다. 시간이 지나면 월급은 오르지만, 지출도 커지기 때문에 경제적으로도 넉넉해 보이지 않았다.

대부분 사람들은 비슷하게 생각하고 행동한다. 나와 회사의 직원들 역시, 과거부터 지금까지 비슷하게 생각하고, 행동했다. 그래서 지금 비슷한 입장에 처해 있다.

이것은 컴퓨터 프로그램에 비슷한 데이터를 입력하면, 비슷한 결과가 나오는 이치와 같다. 차이는 조금 있지만, 남과 비슷한 행동하면, 남과 비슷하게 사는 결과가 나온다. 남들과 다른 행동을 한다면, 다른 결과가 나온다.

생각과 행동의 로직

남과 비슷한 생각	남과 다른 생각
↓	↓
남과 비슷한 선택	남과 다른 선택
↓	↓
남과 비슷한 행동	남과 다른 행동
↓	↓
남과 비슷한 경험	남과 다른 경험
↓	↓
남과 비슷한 결과	남과 다른 결과

1867년 마르크스는 『자본론』에서 프롤레타리아를 규정했다. 마르크스가 말한 본래의 뜻은, 생산수단을 갖추지 못한 노동자를 말한다. 스스로 생산하지 못하기 때문에, 생계를 위해 자본가에게 의지해 살아가야 하는 사람을 뜻한다.

하지만 현재의 프롤레타리아란, 19세기에 말한 의미와 다르다. 현대에 와서의 의미는 평범함이다. '대다수'를 의미하고, '비슷함'을 의미하고, '특색 없음'을 의미한다. 나는 이번 위기를 통해 프롤레타리아를 거부하기로 했다. '같음'보다는 '다름'을 선택하기로 했고, 차별성 있는 나 자신을 만들기로 했다. 현재 행동을 바꾸고 다른 미래를 만들기로 했다.

평범한 월급쟁이의 재테크

뉴턴은 과학자로서는 천재였지만 주식투자로 큰돈을 잃은 적이 있다. 그는 78세이던 1720년에 당시 남미 지역 독점 무역권을 따낸 사우스시 컴퍼니에 투자했다. 남미 국가들과 노예무역을 하던 이 회사의 주가는 하늘 높은 줄 모르고 폭등했다. 그는 주식을 모두 팔아치워서 석 달 만에 투자원금의 4배를 벌어들였다. 이로 인해 '투자의 달인'이란 명성까지 얻었다. 뉴턴은 돈 벌기가 정말 쉽다고 생각했다. 그런데 이게 어찌 된 일인가. 팔아치운 주식이 계속 오르는 것이었다. 고민 끝에 오른 가격에 주식을 다시 사들였지만 이게 화근이 되었다. 그해 말 남미대륙에 대한 무역 가치가 떨어지면서 사우

스시 컴퍼니의 주가가 바닥으로 떨어지고 주식은 휴지조각이 되었다. 천재 과학자 뉴턴조차 주식시장의 미래를 예측할 수 없었던 것이다. 뉴턴은 수학으로 계산할 수 없다는 사실을 알고 "천체의 움직임을 계산할 수는 있지만 사람들의 광기까지 계산할 수는 없다"라는 유명한 말을 남겼다.

『리틀빅씽』 p54, 톰피터스, 더난출판사

대다수 월급쟁이들은 재테크를 한다. 회사를 다니며 할 수 있는 부동산 투자나 저축, 펀드, 방카슈랑스 투자 상품, 주식, 연금 상품 등 많은 재테크를 한다. 아무리 재테크에 관심 없는 사람도 저축은 하고 있다.

이 가운데 펀드나 각종 투자 상품은 특히 말리고 싶다. 이런 상품의 특징은 내가 직접투자 하는 게 아니고, 남이 간접투자 하는 방식이다. 내 돈을 갖고 누가, 어떻게 투자하는지 정확히 알 수 없다. 투자를 맡은 담당자가 경험 많은 전문가일지, 초보 신입사원이 투자하는지 알 수 없다. 물론, 그들이 투자에 대해 나보다 많이 알고 있는 전문가라고 믿고 싶다. 하지만 투자를 잘한다면 본인의 돈을 투자하여 수익을 가져가겠지, 남의 돈을 갖고 투자하지 않을 것이다.

또한 수익률이 좋으면, 투자회사가 잘했기 때문이라고 말하며 수수료를 챙긴다. 반대로, 손실이 생기면 투자자의 책임으로 떠

넘긴다. 투자회사는 절대 손해 보는 일이 없다. 그리고 '기다려라', '장기적으로 투자하라'라고 말해 준다. 이런 말은, 투자에 대해 알지 못하는 초등학생도 할 수 있다.

　나도 재테크가 필요했다. 회사를 다니며, 무엇인가를 해야 했다. 하지만 내가 번 돈을 남에게 맡기고 싶지 않았다. 그래서 직접투자를 할 수 있는 주식을 선택했다. 무엇보다 주식은 회사 업무 틈틈이 할 수 있다는 점이 좋았다. 또한, 무료한 일상에 재미를 주었다. 월급쟁이로 살면서, 월요일이 되기를 기다렸던 적은 이때뿐이었다. 기회만 좋다면, 며칠 만에 한 달 월급을 벌 수 있다.

　처음에는 100만 원을 갖고 연습 삼아 투자한다는 생각으로 시작했다. 욕심 없이 투자하니 하루에 몇 만 원에서 몇 십만 원은 쉽게 벌 수 있었다. 돈 벌기가 이렇게 쉬운지 몰랐다. 이렇게 쉽게 수익을 내니 욕심이 났다.

　'만약 지금처럼 수익을 낸다고 가정해보자. 1000만 원을 투자하면 50~100만 원의 수익을 낼 수 있을 것이고, 1억을 투자하면 500~1000만 원을 한 달에 벌 수 있겠다. 굳이 지겨운 직장생활을 하지 않아도 되겠다.'

　그래서 근로소득자의 혜택인 마이너스 통장을 개설했고, 총 3000만 원을 주식에 투자했다.

궁수가 재미로 화살을 쏠 때에는 그의 온 기술을 다해서 쏘게 된다. 만일 그가 청동으로 된 상패를 얻기 위해서 활을 쏜다면 그는 어느새 신경이 예민해진다. 더 나아가 만일 그가 금상을 받기 위해 활을 쏜다면 과녁이 두 개로 보이기 시작한다.

장자가 했던 말씀처럼, 큰 상을 받으려는 궁수와 같이 욕심에 마음을 빼앗기니, 수익이라는 과녁이 두 개로 보이기 시작했다. 1% 등락에 1만 원과 30만 원이 왔다 갔다 하는 것은 차원이 달랐다.

주식시장의 상황이 내 기분을 좌우했다. 빨간색은 좋은 날이었고, 파란색은 우울한 날이었다. 매일의 주가지수가 내 기분을 표현하는 지수였다. 회사 업무 중에, 점심을 먹으면서 틈틈이 주식거래를 했고, 화장실 갈 때도 주식거래를 위해 스마트폰을 들고 갔다. 주식이 나를 잠식시켰다.

특히 내가 투자한 기업의 워크아웃 소식으로, 하루에 100만 원씩 손실을 봤다. 팔고 싶어도 팔지 못하니 패닉 상태에 빠졌다. 회사일은 물론 아무것도 손에 잡히지 않았고, 가족과 주변 사람들에게 신경이 날카로웠다. 신경쇠약이 찾아왔다. 계속 주식투자를 하다가는 건강을 잃을 것 같아 그만두었다. 몸과 마음의 평화가 가장 중요하다는 생각에 큰 손실을 감수하고 모두 청산했다. 몇 달 치 월급을 공중으로 날려버렸기에 통장 잔고는 줄었지만, 마음의 안정은 크게 늘었다. 커다란 해방감이 찾아왔다. 우연하게도 이 경험을 통해 주식과 도박의 공통점을 찾았다.

주식과 도박의 공통점

1. 돈을 따는 쪽에 배팅한다.

주식과 도박은 희망에 돈을 건다. 주변 사람들에게 정보를 듣고 인터넷 검색을 한다. 신중하게 재무제표를 검토한 후, 돈을 배팅한다. 도박은 돈을 따는 쪽에, 주식은 우상향에 배팅한다. 시간의 문제이지 승패는 바로 알 수 있다.

2. 수익이 수익이 아니다.

도박으로 얻은 돈은, 도박으로 잃는다. 주식으로 올린 수익은, 주식으로 손해를 본다. 대부분 주식을 하는 사람은 수익을 재투자한다. 100만 원을 투자하여 10만 원의 수익을 올리면, 다시 110만 원을 원금으로 인식하고 투자한다. 도박과 주식은 10번의 싸움에서 9승을 해도, 1패만 하면 10패라는 결과를 낳는다.

3. 중독성이 강하다.

도박과 주식은 너무 빨리 움직인다. 초 단위로 움직이기 때문에, 단조로운 일상에 생동감을 준다. 배팅을 하거나 주식을 매매할 때만큼, 가슴이 뛸 때가 없다. 언제 어디서든 스마트폰만 있으면, 거래가 가능하기 때문에 지루할 틈이 없다. 이런 편리성과 두근거림 때문에 한 번 빠지면 쉽게 나올 수 없다.

4. 변수가 너무 많다.

기술적 분석과 가치분석을 치밀하게 해도, 예상치 못한 이슈로 인해 결과를 예측하는 기적은 자주 일어나지 않는다.

물론, 주식의 기술적 투자에 대해 더 공부하고, 기업의 가치에 대해 더 조사했다면, 다른 결과를 가져올 수도 있다. 손해를 많이 봤던 종목들을 되돌아보면 상장폐지된 기업도 있지만, 3~4배 오른 곳도 있다. 몇몇 종목은 수익을 봤을 것이고, 나머지 종목은 손해를 봤을 것이다. 하지만 결국 수익과 손해를 합하면 조금의 수익 또는 조금의 손실이었다. 그래서 나는 그만두기로 했다.

천재 과학자 뉴턴도 실패를 한 주식투자를, 내가 성공할 수 있을 거라는 자신이 없었다. 시간적으로 하루 종일 주식에 집중할 수 없었으며, 오르는 쪽으로 배팅할 자신도 없었다. 시간이 지나면 오를 거라는 확신이 있었지만, 그때가 언제인지 아무도 알 수 없다. 당장 내일일 수도 있고, 1년 뒤, 10년 뒤일지 말이다.

계속 기다리면 주가는 오르락내리락할 텐데, 이런 롤러코스터를 타고 구토를 안 할 자신이 없었다. 무엇보다 주식을 겸업, 또는 본업으로 하고 있는 2000만 명의 근로소득자와 580만 명의 자영업자, 그리고 대형 기관들을 이길 자신이 없었다. 너무 많은 사람들이 이 시장에 종사하고 있다. 즉 나만의 경쟁력이 없었다.

무엇을 해야 하는가?

주식을 그만두고 나니, 마음이 허전했다. 남들이 보지 못하는 '경쟁력 있는 분야'로 가야 한다고 생각했지만, 무엇을 해야 할지 생각이 떠오르지 않았다. 세계적인 기업들의 시작은 집 차고에서 시작했다고 하지만, 우리 집에 차고는 없었다.

무엇보다 회사를 멋지게 박차고 나올 자신이 없었다. 비록 '월급을 줬다 안 줬다' 하는 시한부 환자 같은 회사일지라도, 월급은 소중하기 때문에 포기할 수 없었다. 위대한 지식인들의 자서전에 공통적으로 등장하는 필수 요소인 '회사를 그만두고', '학교를 그만두고'를 아직 써넣지 못하지만, 현실의 삶도 그만큼 중요하다. 나는 회사일을 하면서, 동시에 할 수 있는 일을 찾아야만 했다.

회사를 다니며, 무엇을 동시에 할 수 있을지 고민하며, 한 가지 확실한 기준은 있다. '남들이 많이 가지 않는 길로 가야겠다'라는 것이다. 우선, 프랜차이즈 편의점, 치킨집, 커피숍들은 배제한다. 왜냐하면 그것들에 대해서는 잘 알지도 못하고, 회사와 겸하기도 어렵다. 무엇보다 회사를 그만둔 대다수 월급쟁이들이 많이 선택하는 길이다.

사람들이 많이 가는 길은 경쟁이 치열하다. 경쟁력 있는 길이란, 남들이 덜 가는 길이다. 만약 선택이 어려울 때는 사람들이 많이 선택하는 것을 하나씩 지워나가면 된다. 경쟁이 덜하기 때문에 성공 확률이 높아진다. '소문난 잔치에 먹을 것 없다'는 말은 큰 기대에 비하여 실속이 없다는 뜻이지만, 잔치에 사람이 많이 몰려서 내가 먹을 음식이 남아 있지 않다는 말로 역시 해석할 수 있다.

뉴욕데일리 뉴스에 따르면 블룸버그 시장은 지난 주말 매주 정기적으로 출연하는 라디오쇼에서 "반에서 톱에 들지 못하는 보통 수준의 10대들은 하버드대에 진출하는 것보다 배관 뚫는 기술을 배우는 것이 훨씬 좋은 선택이 될 것"이라고 충고했다. 블룸버그 시장은 배관공들이 대학에 간 친구들보다 빚도 적고 보수도 많이 받으면서 직장생활을 하고 있다는 일련의 연구 결과를 소개하기도 했다. 또한 "별다른 수입도 없이 수업료로 4~5만 달러를 내면서 수년을 허비하는 일을 하지 마라"며 배관공은 학비 대출금 부담 등이 없이 생계를 잘 꾸려나갈 수 있다고 장점을 거론했다. 이어 배관공 일은 하청업체에 발주하는 등 아웃소싱의 염려도 없고 컴퓨터로 자동화할 필요가 없다며 고용 안정성에 관해 언급하기도 했다.

「매일경제」 2013. 05. 20.

'대학을 가는 것보다 배관공이 더 낫다'는 전 뉴욕시장 블룸버그의 말은 굉장히 흥미롭다. 그가 2010년 개인 자산 180억 달러로 미국 8번째로 부자로 선정된 사실을 알고 있다면, 일과 돈에 대한 그의 말은 신뢰가 간다.

단순히 이 말은 배관공을 선택하는 학생보다, 대학에 진학하는 학생들이 많다는 말이다. 배관공을 필요로 하는 사람은 많은데, 그 일을 하려는 젊은 사람은 없다. 굳이 내가 배관공을 해보지 않아도, 그 일은 힘들고 거칠어 보인다. 배관공의 수요는 꾸준한데 종사하는 사람이 없으니, 그들의 노동에 대한 대가는 부르는 게 값이다.

우리나라에서도 이와 같은 현상은 이미 일어나고 있다. 고등학생 10명 중 7명 이상이 대학을 가는 세계 최고의 진학률을 자랑하고 있으며, 그 학생들은 졸업하여 공무원, 공기업, 대기업 취업을 목표로 하고 있다. 이 좁은 자리를 두고 70만 명이 넘는 취업

준비생들이 서로 경쟁을 하니, 취업은 당연히 쉽지 않다. 모두가 가고자 하는 길은 사람이 몰리기 쉽다. 사람이 많은 곳은 경쟁이 치열하고 생각보다 이윤이 크지 않다.

월급쟁이가 불안한 이유

월급쟁이는 불안하다. 월급에 나와 가족의 생계가 달려 있기 때문이다. 월급이 끊기는 순간, 가족 전체에 위기가 온다고 믿는다. 그래서 일이 좋든 싫든 간에, 그 행위를 계속해야 한다. 언젠가는 회사를 탈출할 거라고 생각하지만, 생활을 유지만 할 뿐 나아지지는 않는다.

가령, 대기업이나 전문직 종사자들은 그렇지 않을 것이라 생각하지만, 소득의 많고 적음이 문제가 아니다. 보통, 소득이 많으면 사는 집도 크고 그에 맞는 차도 있어야 한다. 그래서 지출이 많다. 월급쟁이는 똑같다. 일을 그만두는 순간, 수입이 끊긴다.

소득의 흐름을 파이프라인에 비유를 해보자. 예를 들어, 근로소득이라는 수원지에서 월급 300만 원을 받는다고 생각하면, 이렇게 표현할 수 있다.

싱글 혹은 외벌이

월급쟁이가 불안한 이유는 한 가지 파이프라인으로만 소득이 흘러 들어오기 때문이다. 파이프라인을 사용하다 보면, 문제가 생겨 수리가 필요하거나 교체를 해야 할 경우가 발생한다. '1개의 월 300만 원짜리 소득흐름'이란 커다란 관 전체를 수리해야 한다. 수리하는 동안에 파이프라인을 사용할 수 없다. 즉, 수입이 끊긴다는 뜻이다.

내가 다녔던 회사처럼, 경영 상태가 좋지 않으면 회사가 월급을 체불할 수도 있고, 줄일 수도 있다. 나이가 들어 구조조정 대상이 될 수 있고, 권고사직을 받을 수도 있다. 또 이직을 위해 몇 개월 동안 월급의 공백이 생길 수도 있고, 병 때문에 잠시 동안 회사를 쉬어야 할 일도 있다.

월급쟁이 인생에서 '근로소득'이라는 파이프라인은 수리하거나, 교체를 해야 할 일이 많다. 이런 이유 때문에 월급쟁이는 불안을 느끼고, 월급에 매달릴 수밖에 없다.

요즘 젊은 부부들은 맞벌이를 선호한다. 소득이 늘어나는 이유도 있지만, 더 중요한 건 남편이나 아내가 당분간 일을 하지 못하는 경우에도 수입이 멈추지 않기 때문이다.

맞벌이 부부의 소득 흐름(2라인)

2015년 전북 연구원의 사회조사를 보면 '맞벌이가 외벌이보다 행복하고, 금슬도 좋다'는 결과가 있다. 소득의 크기도 중요하지만, 안정감도 중요하다는 걸 알 수 있다.

이러한 사실은 300만 원의 소득이 흘러오는 파이프라인이 있더라도, 1개의 월 300만 원짜리 파이프라인보다 2개의 월 150만 원짜리 파이프라인에 안정감을 느끼고, 3개의 월 100만 원짜리 파이프라인에 더 큰 안정감을 느낀다. 소득이라는 파이프라인은 얼마가 들어오는지 관 크기도 중요하지만, 개수가 더 중요하다.

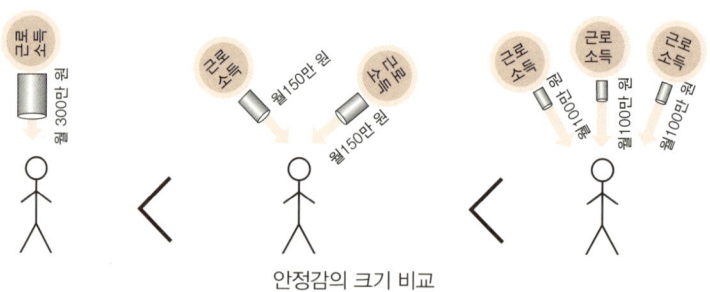

안정감의 크기 비교

두 개의 라인과 세 개의 라인이 있으면, 한 개의 파이프라인을 수리하더라도 다른 파이프라인으로 생활이 가능하다. 소득의 흐름은 줄어들지만, 내 씀씀이도 당분간 줄이면 된다.

하지만 월급쟁이가 300만 원짜리 라인을 3개로 나누는 것은 어려움이 있다. 따라서 삶의 안정감을 위해서는 소득의 다각화가 필요하다. 바로, 하나의 근로소득 파이프라인에 임대소득을 추가하는 것이다.

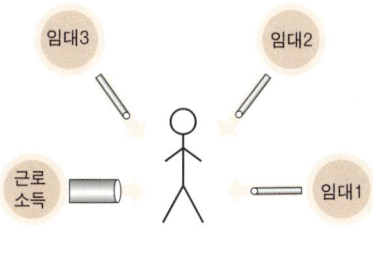

소득의 다각화

위와 같이 상대적으로 수입이 큰 근로소득 파이프라인에 작은 임대소득 파이프라인을 추가하면, 월급쟁이도 삶에 안정감을 가질 수 있다. 임대소득을 늘리기 위해 휴일에는 더 바빠지겠지만, 삶에 만족도는 분명히 높아질 것이고, 회사에서 받는 스트레스는 낮아질 것이다.

회사를 다니는 동안 임대소득 파이프라인 구축에 꾸준히 노력하자. 자유소득이 근로소득 파이프라인보다 커지게 되면, 회사를 그만두고 자신이 하고 싶은 일을 할 수 있다. 즉, 경제적인 자유를 누릴 수 있다.

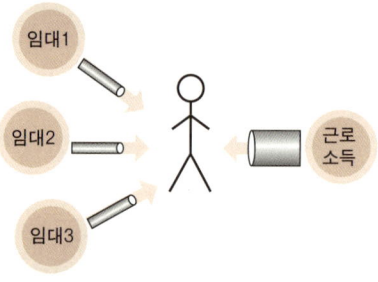

임대소득(자유소득) 〉 근로소득 → 경제적 자유

2

부동산 경매로
두 번째 구매자가 되라

비즈니스에서는 언제나 두 번째 구매자가 좋다.

첫 번째 소유주가 파산한 다음,

은행이 그 자산을 원래 가격의 10%라는 헐값에 팔 때

호텔이든 골프장이든 구매하는 사람이

바로 두 번째 구매자다.

• 『세계는 평평하다』 p140, 토마스프리먼, 창해 •

부동산 경매를 만나다

아버지께서 몇 년 전 회사를 퇴직하시고, 실업자 교육 프로그램으로 부동산 경매 수업을 들으셨다. 남이 망한 재산을 취득한다는 생각에 호의적인 생각이 들지 않았다. 또한, 드라마나 영화에서 봤던 강제집행이나 압류 딱지, 조폭 등이 떠오르며 부정적인 이미지가 강했다. 하지만 아버지 말씀에 생각을 바꿨다.

"경매는 네가 생각하는 것처럼 나쁜 게 아니다. 경매를 당한 채무자의 심정은 안타깝긴 하지만, 빚을 졌으면 갚아야 하는 게 자본주의의 룰이고 신용사회의 약속이다."

"사업을 하며 추가로 돈이 필요하거나, 집을 살 때 대출 받은 돈을 갚지 못했을 때 근저당권자(금융기관)가 경매를 신청하는군요. 하지만 강제로 집을 빼앗는 일 같아서 마음이 편치 않네요."

"네 순수한 마음은 잘 알겠다. 하지만 경매란 제도가 없다면 우리 사회가 어떻게 되겠니? 이건 마치 동맥경화에 걸린 환자를 방치하는 것과 마찬가지다. 막혀 있는 돈의 흐름을 순환시켜주는 경제적 치료 과정이다. 경매 낙찰자가 법원에 납입한 낙찰금을 통해 채권권자에게 변제하는 과정이다. 이를 통해 채무자는 빚을 갚게 되고, 채권자는 채권을 회수하게 된다."

새로운 길이 열리는 기분이었다. 사람의 몸에 혈액이 온몸을 잘 순환해야 건강을 지킬 수 있듯이, 자본주의 역시 돈이 잘 순환해야 건강한 사회를 만들 수 있다.

기업은 비용을 들여 고용과 생산을 담당하고, 개인은 기업에서 받은 월급으로 물건을 사고, 그 물건을 판돈이 다시 기업의 재화가 되어 재생산을 하고, 직원들의 월급으로 사용하는 원리처럼 말이다.

"그런데 제가 모아놓은 돈이 없는데, 부동산 경매를 할 수 있을까요? 회사에서 체불한 임금은 대부분 받았지만, 주식으로 손해를 많이 봐서 모아놓은 돈이 1000~2000만 원 정도밖에 없거든요. 그 돈으로 몇 억 원씩 하는 부동산을 사기는 어려울 것 같아요."

"부동산 경매물건을 찾아보면, 서울에도 1억 원 미만의 오피스텔이나 원룸, 빌라들이 많다. 부족한 돈은 은행에서 대출받으면 되지. 물론, 무리한 대출은 나도 반대를 한다. 하지만 대출에 대해서 부정적으로 생각할 필요는 없다. 네가 받은 대출은 비싼 차를 사기 위한 것이나 불필요한 사치품을 사기 위한 게 아니고, 수익을 만들기 위한 긍정적인 대출이니 살아가면서 차차 갚아나가면 된다."

"말씀을 들어보니, 할 수 있다는 생각이 많이 드네요."

"그리고 한 가지 덧붙이자면, 은행에 대한 본질을 생각해 봤으면 한다."

"은행의 본질이요? 별로 생각해 본 적은 없는데요…"

"은행이 왜 부동산을 살 때 높은 비율의 돈을 빌려주는 거라 생각하니? 만약 네가 부동산 말고, 사업을 한다거나 다른 상품에 투자를 한다면 은행에서 쉽게 돈을 빌려줄까?"

"쉽지 않겠죠."

"그래, 아마 돈을 빌리기가 쉽지 않을 것이다. 은행은 바보가 아니다. 은행이 부동산을 담보로 돈을 많이 빌려 주는 건 다 이유가 있다. 입장을 바꿔서 생각해 보면, 부동산은 은행에서도 인정한 안전한 자산이라는 말이 되는 거야."

"아, 그렇게 생각해 본 적은 없는데, 맞는 말이네요."

"곧 부동산 투자는 은행에서 인증한 안전한 투자라는 말이다. 네가 주식투자를 해봐서 잘 알겠지? 주식투자를 할 때도 은행은 돈을 빌려주긴 하지. 하지만 부동산에 비해서 훨씬 까다롭다. 빌려주는 대출 비율도 낮고, 금리도 훨씬 높을 거야. 나도 노후를 대비해야 하기 때문에 금전적인 도움은 주지 못하지만, 항상 응원하겠다."

은행에 재직하셨던 아버지의 말씀은 큰 도움이 됐다. 내심 기대했던 금전적인 도움은 어렵게 됐지만, 아버지 노후를 방해하고 싶지는 않았다.

나는 그날부터 부동산 경매를 하기로 결정했다. 부동산 경매는 가뭄 끝에 찾아온 단비처럼 말라버린 가슴을 흠뻑 적셔 주었다.

우선 월급쟁이로서 부동산 경매의 장점을 생각해 봤다.
1. 시장가보다 싸게 부동산을 취득할 기회가 있다.
2. 회사와 겸업이 가능하여 제2의 월급통장을 만들 수 있다.
3. 근로소득이 있기 때문에 대출을 받기가 쉽다.

무엇보다 사람은 큰 시장에 몸담고 있어야 수익이 많다. 내가 월급쟁이로 일했던 곳은 토목설계회사였다. 토목공사는 크게 설계와 시공으로 나눌 수 있는데, 신도시 개발공사로 예를 들어보자.

처음에 설계회사가 설계를 하고, 그 다음 시공회사가 공사를 한다. 이 공사의 설계 비용이 100억 원 정도면, 시공하는 비용은 보통 8000억 원이 넘는다. 이 두 회사가 효율적인 경영과 적절한 인력 배치를 통해 1%의 순이익을 거두었다고 생각해 보자.

설계회사는 100억 원의 1%인 1억 원의 수익을 얻고, 시공회사는 8000억 원의 1%인 80억 원의 수익을 가져간다. 두 회사의 성격은 많이 다르지만, 같은 사업을 통해 두 회사가 얻는 수입은 80배 이상 차이가 난다.

이는 사업비 규모에 따라 생긴 결과이다. 개인이 거래할 수 있는 큰 규모의 시장은 단연 부동산이다. 상대적으로 큰 덩치를 갖고 있는 부동산을 사고팔 때와 작은 물건을 사고팔 때 발생하는 이익은 쉽게 생각해도 답이 나온다.

나는 부동산 경매에 장점이 많다는 결론을 내리고 공부를 시작했다. 회사 업무를 마치고 도서관으로 향했고, 주말에도 도서관에서 관련 서적을 찾아 읽었다. 도서관이 쉬는 날은 사설 독서실에서 인터넷 강의를 들으며 공부했다. 지난날의 시험을 잘 보기 위한 수동적인 공부가 아니고, 생존하기 위한 능동적이고 적극적인 공부였다.

가족 간의 대화에서도 주제는 '부동산 경매'였고, 만나는 사람들에게도 경매 얘기만 했다. 한마디로 미쳐 있었다. 학생 때 이렇게 공부했으면 서울대에도 들어갈 수 있었을 것 같았다. 이렇게 미친 듯 몰입할 수 있었던 이유는, 공부의 재미를 느꼈기 때문이었다.

'내가 습득한 지식을 곧바로 돈 버는 곳에 쓸 수 있다'는 확실한 연계성과 목표를 갖게 됐다. 책을 보고, 강의를 듣고, 정리하는 일련의 과정이 즐거웠다. 가장 중요한 마인드 확립부터 말소기준 권리의 개념을 익히고, 유치권, 법정지상권, 가장 임차인 등의 특수물건까지 이론적인 공부를 마쳤다.

드디어, 3개월 정도 이론 공부를 하고 하산했다. 다음으로 유료 경매 사이트에 가입했고, 1억 원 미만으로 입찰 가능한 물건들을 선별했다. 지역은 서울을 선택했고, 선별한 물건을 지역별로 나누어 토요일은 강북지역, 일요일은 강서지역으로 나눈 후 부동산 임장[1]에 나섰다.

---

1 부동산 임장 : 부동산 현장에 가서 직접 확인하는 과정

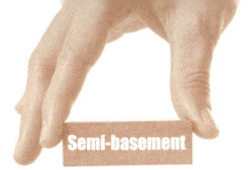

부동산 임장은 사랑이다

"자네는 아마 죽게 될 텐데도?" 남자는 말했다.
"자네는 끝끝내 추적당한 끝에 징벌을 받게 될 거야. 그 징벌은 어쩌면 가혹한 것일 수도 있어. 그들은 광신적인 자들이야."
"상관없어요."
"자네에게는 사랑이 있으니까." 아오마메는 고개를 끄덕였다.
"사랑이 없다면 모든 것은 그저 싸구려 연극일 뿐이다."

『1Q84 2권』 p342, 무라카미하루키, 문학동네

결혼한 지 2년이 지났다. 아내는 7년 전 학교 후배의 소개로 만

났다. 아내를 처음 만나러 가는 가슴 떨림이 아직도 생생하다.

부동산 임장 가는 길 역시, 언제나 가슴이 떨린다.

'어떤 부동산이 나를 기다리고 있을까.'

마치 소개팅을 하러 가는 길처럼 말이다. 소개팅은 실내조사와 현장조사로 나눌 수 있다. 실내조사의 첫 번째는 상대방의 사진을 보고 만날지 말지 판단하는 것이다. 외모만을 보고, 이 사람과 약속을 잡을지 말지 결정한다. 날씬하고 참한 인상이 마음에 들었다. 서로의 시간을 맞춰 약속을 잡는다.

둘째는 상대방의 정보를 얻는 것이다. 우선 주선자에게 묻는다. 어떤 사람인지, 어떤 환경에서 자랐는지, 부모님은 뭐 하시는지, 어디에 살고 있으며 취미는 무엇인지를 묻는다. 그다음은 상대방의 카카오톡 프로필 사진, 카카오 스토리, 페이스북, 인스타그램, 고전적인 싸이월드까지 얻을 수 있는 정보는 모조리 동원한다.

그리고 아무것도 모른 척 그녀를 만나러 간다. 처음 만나면 '어떤 이야기를 해야 할지', '무슨 음식을 먹을지', '사진과 너무 달라 못 알아보면 어떻게 할지' 수많은 상상들로 가득 찬다. 첫인상이 마음에 들면 밥을 먹으러 가고, 별로이면 커피만 한잔하고 가야겠다. 약속 장소에 도착한다. 그리고 기다리던 그녀를 만난다.

"아..안... 녕하세요... 처음 뵙겠습니다. 식사하셨어요? 뭐 좋아하세요? 맛있는 거 먹으러 갈까요?"

"네..." 그녀가 대답한다.

나는 곧바로 현장조사를 시작한다. 현장조사의 첫 번째는 사진과 실물이 차이가 있는지 확인하는 것이다. 다행히 사진보다는 나은 것 같다. 그녀의 말을 듣는다. 말투나 사용하는 어휘를 보고 성격을 확인한다. 어떤 생각을 갖고 있는지, 나와 공감대가 얼마나 있는지 살핀다. 그녀는 내 말을 잘 들어 주고, 잘 웃어준다. 마음에 든다. 그리고 우리는 사랑에 빠지고, 몇 년간의 연애 끝에 결혼을 했다.

부동산 임장을 떠나기 전, 역시 항상 두근거린다. 사진으로만 보던 그녀를 만나기 전처럼 말이다. 임장도 실내조사와 현장조사로 나눌 수 있다.

실내조사의 첫 번째는 법원이 공개한 부동산 사진을 보고, 임장을 갈지 말지 결정한다. 사진에서 풍기는 분위기도 중요하다. 그다음은 권리분석이다. 인수하는 권리가 없는지 확인한다. 세입자가 손해를 보지 않는 물건이면 마음이 편하다. 다음지도로 대중교통을 확인하고 거리뷰도 미리 살펴본다. 직방 또는 다방과 같은 방 구하기 어플로 주변 시세를 확인한다. 그리고 세상에서 가장 편한 복장을 하고 현장조사를 떠난다.

현장조사의 준비물은 '나침반과 랜턴, 지도, 카메라' 등이다. 요즘은 스마트폰 어플로 해결 가능하여 편리하다. 지도 어플을 이용해 사진으로만 보던 부동산을 찾는다. 걸어가면서 동네의 분위기를 살핀다. 동네 분위기는 부동산마다 많이 다르다. 분명히 느낌 좋고 살고 싶은 동네인지 확인한다. 내 감각을 믿으면 된다.

도착하여 집 주변을 둘러보고 해가 잘 드는지 확인한다. 나침반 어플을 활용하여 해가 지나가는 방향도 확인한다. 창틀(새시)을 확인한다. 90년대 빨간 벽돌 빌라는 대부분 알루미늄 새시인데 하이새시로 교체했다면, 집 내부를 보지 않아도 깔끔하다. 새시 교체 비용이 집수리 비용 중 가장 큰 부분을 차지하기 때문이다.

하이새시와 방범창 설치

빗물받이

창문 새시를 교체했다면, 집 내부도 웬만큼 수리했고 신경을 쓰는 사람이라는 말이다. 게다가 창문 외벽에 빗물받이와 방범창까지 설치되어 있다면, 훌륭하게 관리한 부동산이라고 볼 수 있다.

그리고 현관으로 들어간다. 현관문 앞에 물이 고여 있거나 천장에 물자국, 곰팡이, 거미줄이 있는지 확인한다. 관리가 잘 된 빌라는 연식에 상관없이 깔끔하게 정돈되어있다. 외관을 살폈다면, 집에 사람이 살고 있는지 확인한다. 사람이 살고 있는지 확인해야 하는 이유는 추후에 발생할 명도(경매를 당한 거주자가 집을 비우는 일)의 난이도를 생각해야 하기 때문이다.

현관문이 깔끔하면 대부분 사람이 살고 있다. 사람이 살지 않는 집은 각종 광고 전단지와 우편물 도착 안내서, 가스, 전기, 수도 공급 중단 안내서들이 어지럽게 붙어 있다.

이제는 우편물을 확인한다. 각종 경매 회사에서 날아온 서류가 많을 것이다. 만약, 우편물이 하나도 없다면 사람이 살고 있다는 뜻이다.

전기와 가스, 수도 계량기를 확인한다. 계량기 눈금에 사진을 찍어 놓고, 20~30분 후에 돌아와서 확인한다. 눈금이 많이 움직였다면 사람이 살고 있을 것이다.

나는 초인종을 눌러 해당 부동산에 들어가 보지는 않는다. 많은 경매 책들은 꼭 초인종을 눌러 부동산 내부를 확인해 보는 것이 좋다고 말한다. 하지만 경매를 당한 세입자, 또는 집주인이 호의적이기 쉽지 않다.

임장 온 사람들이 계속 방문한다면, 기분이 좋지 않을 것 같다. 집 내부를 본다고 문제를 파악하기도 쉽지 않고, 경매를 당한 입장에서 정확한 정보를 준다는 보장도 없다. 차라리 윗집이나 아랫집 사람에게 양해를 구하고, 간접적으로 집 구조나 문제를 파악하는 게 마음이 편하다.

집 내부의 문제는 내 운에 맡긴다. 지금까지 23채의 부동산을 취득했지만, 집 내부에 심각한 문제는 한 번도 없었다. 혹시라도 문제가 있는 집이면 고치면 된다. 생각보다 이 고민은 문제가 아니다.

다음은, 근처 부동산으로 향한다. 시세를 물어본다. 경매를 이유로 시세를 물으면, 반가워하지 않는 중개사분들도 계신다. 박카스 한 박스 사 들고 가서 여쭤보면 된다. 5000원 정도 투자하면 동네에 대해 자세히 설명을 들을 수 있다.

처음 임장을 나서면 생각보다 시간이 오래 걸린다. 5000원도 계속 쌓이면 아까운 돈이 될 수 있다. 하지만 내가 알아야 할 지역은 대한민국 전체가 아니다. 서울에서도 1억 미만의 물건이 위치한 지역은 한정적이다. 자주 가는 지역은 자연스럽게 위의 과정 몇 가지를 생략하면 된다. 소개팅을 나서는 마음으로 '강서, 도봉, 강북'으로 주로 임장을 간다. 반면에 '강남, 서초, 송파'에 가는 일은 거의 없다.

요점 정리

1. 법원이 공개한 부동산 사진을 보고, 임장을 갈지 말지 결정한다.
2. 권리분석 – 인수하는 권리 여부 확인
3. 다음지도로 대중교통을 확인하고, 거리뷰로 미리 살펴본다.(직방, 다방 등 어플로 주변 시세 확인)
4. 편한 복장으로 '나침반과 랜턴, 지도, 카메라' 등을 챙겨 임장을 간다.
5. 임장에서 다음 사항을 체크한다.
   - ☑ 동네를 둘러보며 살 만한 동네인지 확인
   - ☑ 나침반 어플을 활용하여 해가 지나가는 방향 확인
   - ☑ 창틀 확인
   - ☑ 현관문 앞에 물이 고여 있거나 천장에 물자국, 곰팡이, 거미줄이 있는지 확인
   - ☑ 집에 사람이 살고 있는지 확인(현관문과 우편함, 전기와 가스 계량기 등으로 가능)
6. 근처 부동산에 방문하여 시세와 동네 분위기에 대해 물어본다.

부동산 경매의 환상

　임장까지 마쳤다면, 이제는 입찰하는 일이 남았다. 마음에 드는 물건을 선별하고, 다음 주 입찰 스케줄을 확인한다. 월급쟁이가 평일 오전에 시간을 내기 어렵다. 가끔 연차를 쓰는 일도 한두 번이지, 회사에 매번 무슨 핑계를 대야 하나 고민한다.

　친절하게도, 법원 경매는 대리입찰이 가능하다. 한 달에 한두 번 정도 내가 직접 가서 입찰한다. 나머지는 아내에게 부탁을 한다. 아내가 시간이 안 되면, 아버지에게 부탁한다. 그다음은 어머니이다. 가끔, 모두가 갈 수 없는 상황이 생긴다. 그러면 취업을 못한 주변 동생들에게 부탁한다. 시간당 1만 원을 제안하면 대부분 승낙한다. 보증금을 상대방에게 맡겨야 하니, 꼭 믿을 만한 사람에게 부탁해야 한다.

서울에 있는 법원은 11시 10분이 입찰 서류 마감이다. 1시간 정도 여유 있게 도착하여 입찰표를 작성하고 제출한다. 요즘 경매가 인기가 많아진 걸 실감한다. 5년 전, 법원 입찰장에 가면 젊은 사람은 거의 없었으나 요즘은 많이 보인다. 드디어 내가 입찰한 물건을 발표할 차례다.

"사건번호 20×× 타경 20×××호 입찰하신 분들은 30명입니다. 입찰하신 분들은 앞으로 나와주세요. 낙찰자는 감정가에 101%를 적어내신 서울 영등포에 사시는 이○○ 씨입니다."

"와~" 하는 탄성과 함께 사람들은 수군거린다.

"낙찰가가 감정가를 넘었어!"

"도대체 감정가를 넘어서 낙찰받으려면 뭐 하러 부동산경매를 하는 거야?"

"저 낙찰자가 판을 다 깼군."

요즘의 법원에서 흔히 있는 아파트 경매 진행 현장이다. 입찰자가 20~30명은 보통이다. 4억 원에 감정한 아파트를 그보다 높은 가격에 낙찰받는 경우가 많다.

내가 경매를 시작한 2012년 하반기에는 각종 부동산 규제들이 시장을 침체시켰다. 하지만 그 많은 악재 속에서도 아파트 경매

시장은 낙찰가가 감정가의 95%를 웃도는 경우가 많았다.

그렇다면 요즘 경매시장은 어떨까? 2017년 문재인 정부가 들어선 후, 집값 잡기에 온 힘을 쓰고 있다. 강력한 부동산 대책과 대출 규제 속에서도 아파트 가격은 떨어질 줄 모른다. '부동산의 선행지표'라는 경매시장에서도 강력한 대출 규제를 비웃듯 아파트 낙찰가도 떨어지지 않는다.

이러한 이유는, 대한민국 사람들이 아파트를 가장 선호하기 때문이다. 아파트는 우상향 하는 시장에서 차익을 노려 투자하기 좋다. 임대가 잘되고, 불황기에 매매 역시 잘되기 때문이다.

하지만 팔방미인 아파트에도 단점이 하나 있다면 부동산 경매에서조차 싸게 사기 어렵다는 것이다. 그렇다면 지상층 빌라는 어떨까? 서울과 수도권 지역의 과거 낙찰 사례를 살펴보면 부동산 감정가에 90% 이상 낙찰받아 가는 경우가 흔하다.

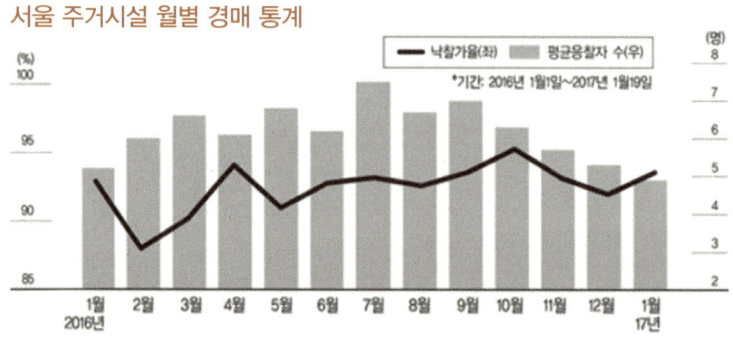

서울 주거시설 월별 경매 통계

출처 : 「아시아경제」 2017.01.24

이 통계는 2016년 1월~2017년 1월 서울 주거시설의 낙찰가율 및 평균 응찰자 수를 나타낸다. 통계를 보면, 평균 응찰자는 5~8명이고, 낙찰률은 감정가에 87~95% 정도이다. 1억 원짜리 부동산이라면 8700~9500만 원에 낙찰을 받았다는 말이다. 통계에서 보듯이 경매도 부동산을 싸게 사기는 생각보다 힘들다.

대부분 사람들은 '부동산 경매'를 한다고 하면 서울 아파트 4억 원짜리를 3억 원 정도에 살 수 있는 줄 알고 있다. 또한 위장 임차인, 유치권 등을 멋지게 깨트리면 절반 가격에 낙찰을 받을 수 있을 거라고 생각한다. 이런 생각을 갖고 일반 사람들이 더 부동산 경매 입찰장으로 몰린다.

하지만 지난 과거 사건들을 검색해 보면, 당신이 생각하는 가격보다 높게 낙찰받아 간다. 서울의 4억 원짜리 아파트를 3억 9000만 원에 낙찰받는 것이 어떤 의미가 있을지 모르겠다. 차라리 일반 매매 시장에서 급매를 구하는 게 낫다.

경매 특성상 집 내부를 확인하기 어렵고 권리상의 잠재적인 위험을 생각한다면 매력이 없어 보였다. 부동산 경매 시장도 소문난 잔치였다. 사람들이 많이 몰려 내가 먹을 게 없었다. 나에게 좋아 보이는 부동산은 남들 눈에도 좋아 보였다.

투자의 2가지 방향

    소형 아파트와 빌라, 오피스텔을 서너 번씩 입찰했다. 합리적인 가격을 고민하여 입찰도 해보고, 또 과감하게 높은 가격을 써보기도 했다. 하지만 엄청난 격차로 모두 패찰했다.

    소중한 주말에 시간을 내서 경매물건을 돌아봤고, 평일에 입찰하기 위해 온갖 핑계를 대고 연차를 썼다. 어렵게 입찰을 했지만, 매번 허탕을 치니 허무했다. 한 건이라도 낙찰받고 싶은 욕심이 생겼다. 그래서 입찰금액을 더 높일까도 생각했지만, 그건 싸게 살 수 있는 경매의 장점을 잃어버리는 듯했다. 경매를 포기해야 하는 생각까지 들었다. 심각한 표정으로 있는 내게 아버지가 물으셨다.

"무슨 일 있니? 안색이 좋지 않구나."

"벌써 10번 정도 패찰했어요. 생각보다 낙찰받기가 어려워서 고민이에요. 감정가의 85~90% 이상을 써서 낙찰받는 건 무리한 투자 같아요. 저도 더 높게 입찰가를 적어야 할까요? 하지만 높게 쓰면 수익이 별로 나지 않고, 대출도 많이 받아야 해서 두렵네요."

"네가 입찰가를 과감하게 높여 쓰지 못하는 이유가 있는 것 같구나. 바로 자본이득을 위한 투자가의 입장이었기 때문이다. 투자를 하려면, 우선 투자방향을 결정해야 한다."

"자본이득이 뭔가요?"

"자본이득이란, 시세차익을 얻는 것이다. 낮은 가격에 사서 높은 가격에 파는 것을 말한다. 대부분 투자가들은 자본이득을 얻으려고 투자한다. 주식시장에서도 마찬가지로, 낮은 가격에 사서, 비싼 가격에 팔려고 투자하는 경우가 많지. 부동산 역시 낮은 가격에 사서, 비싼 가격에 팔려고 하는 사람이 많다. 사람이 많이 몰리니, 경쟁이 치열해지고 싸게 사기가 힘든 것 같구나."

"부동산도 마찬가지지만, 물건을 사는데 당연히 싸게 사서, 비싸게 팔려고 투자하는 게 아닌가요? 그럼 비싸게 사서 싸게 팔라는 말씀은 아니시죠?"

아버지께서 웃으시면서 말씀하셨다.

"내가 말한 의도는 싸게 사지 말라는 건 아니다. 그만큼 많은 사람들이 관심을 갖고 있기 때문에 싸게 사기 어렵다는 말이다."

"이번에 수십 번 패찰을 하고, 싸게 사기 어렵다는 건 알고 있어요. 그럼 어떻게 해야 할까요?"

"글쎄, 그건 나도 잘 모르지만, 투자의 성격을 한번 생각해 보면 도움이 될 것 같구나. 자본이득을 위한 투자는 취약점을 갖고 있다. 가격이 꾸준히 오르는 상황에서는 높은 가격에 구매하더라도 수익을 낼 수 있지만, 가격이 하락하는 상황에서는 오랫동안 투자금이 묶인다. 이 상황이 오래 지속되면, 실패할 확률이 높아진다. 사람들이 부동산 투자에 실패하는 이유는 가격이 상승하는 방향, 즉, 희망에 배팅하기 때문이다."

내가 주식투자에서 실패한 이유도 오르는 방향에 배팅을 했기 때문이다. 정확히 말하면, 아버지 말씀대로 희망에 배팅했다. 반대로 주식이 떨어진다는 생각은 하지 않았.

투자에 대한 한 가지 확신은 '언젠가는 가격이 오른다'는 것이다. 내가 실패했던 주식도 2~3년이 지난 지금은 대부분 회복했거나, 그 이상이다. 물론, 상장폐지로 휴지조각이 된 주식도 있지만, 부동산 투자는 상장폐지가 없다.

'부동산 투자의 상장폐지'라고 하면 건물에 불이 나거나, 천재지변으로 건물을 사용하지 못할 경우가 있다. 하지만 이런 일은 확률이 아주 낮고, 건물은 불타 없어져도 땅은 남아 있기 때문에 가치가 0이 되지 않는다. 이런 이유로 부동산 투자는 비교적 안전한 투자이다.

오르는 시점이 당장 내일일 수도 있고, 1년 후가 될 수도 있고, 10년 후가 될 수도 있다. 부동산 박사, 애널리스트들은 매일 전망을 한다. '사라 : 팔라'는 의견은 항상 '50 : 50'으로 나뉜다. 도대체 누구의 말을 들어야 할지 알 수 없다. 그리고 분명하게 말하지 않고 "지켜보자", "좀 더 관망해 보자"라는 의견이 대부분이다.

또한, 전문가의 말을 믿고 행동했다가, 나쁜 결과가 나왔을 경우에는 그들이 책임져 주지 않는다. 차라리 '부동산 상승이 언제인지는 아무도 알 수 없다'라고 생각하고 투자하는 게 속 편하다.

사람들이 투자에 실패하는 이유는, 언제 오를지 알 수 없는 부동산을 보유하면서 불안해하기 때문이다. 부동산의 특징은 보유하고 있으면, 비용을 지불해야 한다. 토지와 건물로 나눠 1년에 두 번 재산세가 발생한다. 그리고 부동산을 취득할 때 받은 대출의 이자가 한 달에 한 번 발생한다.

만약에 하락하는 부동산 시장에서 언제 오를지도 모르는 부동산을 보유하고 있는 사람이라면 마음이 어떨까? 집값은 계속 떨어지고, 보유하면서 비용은 계속 발생한다. 뛰어난 평정심을 갖고 있는 사람이라도, 이러한 일이 2~3년 지속되면 손해를 보더라도 팔 확률이 높다.

다음 통계를 보면, 우리나라 부동산은 2008년 리먼브라더스

발 세계 금융위기 사태 때조차 부동산 가격은 떨어지지 않았다. 정부 수립 이래에 딱 두 번 부동산 가격이 떨어졌다. 1990년대와 1998년 IMF 때이다. 지금 되돌아보면, 이미 가격을 회복했고 그 이상이다. 이러한 통계를 큰 틀에서 본다면, '대한민국 부동산은 한 번도 떨어진 적이 없다'라는 말이 된다.

하지만 언젠가 부동산은 오른다는 것을 알고 있어도, 내가 투자한 시점이 1990년 또는 1997년이 아닐 것이라고는 확신할 수 없다.

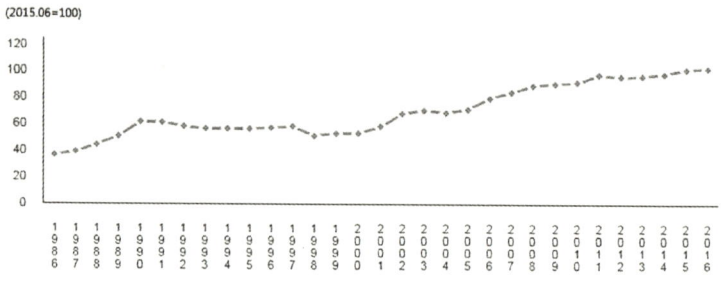

1986~2016 전국 주택매매가격변동률

출처 : 한국감정원, 「전국주택가격동향조사」
* 자료: 한국감정원, 「전국주택가격동향조사」 각 년 12월

당신이 과거 30년 주택 매매가격 변동률을 보고 우상향에 투자할 자신이 있는가? 내가 투자한 시점이 1990년 또는 1997년이 아닐 것이라고 확신할 수 있는가?

"그럼 자본이득을 위한 투자 말고, 어떤 투자가 있나요?"

"또 한 가지 투자방법으로는 '현금흐름'에 투자하는 방법이 있다. 자산에 투자해서 지속적으로 돈을 순환시키는 투자 방법이지."

"조금 어려운 것 같아요…"

"그래? 그럼, 네가 실패했던 주식에서 예를 들어보자. 만약 네가 주식투자를 할 때 시세차익을 목적으로 하지 않고, 배당수익을 보고 투자했다면 현금흐름에 투자했다고 할 수 있다. 이 배당은 분기와 반기 또는 해마다 주주에게 지급하는데, 이 수익을 보고 투자한다면, 주식가격 변동에 영향을 덜 받을 수 있다."

"아… 그렇겠네요. 배당은 주식 가격에 따라 지급하는 게 아니고, 보유 수에 따라 지급하니까요."

"그래. 이제 이해가 좀 되지? 투자에서 중요한 건, 가격에 흔들리지 말아야 한다."

"그럼, 부동산에서는 전세를 보고 투자하는 게 아니라, 월세 시세를 보고 투자하면 되겠네요. 월세는 집 가격에 영향을 덜 받으니까요."

"그렇지~." 아버지가 기분 좋게 대답하셨다.

무거웠던 내 마음이 한결 가벼워졌다.

부동산 투자를 할 때 시장 상황에 영향을 받는다면 흔들리기 쉽다. 마음이 흔들리면 현명한 선택을 하지 못한다. 하지만 현금흐름에 투자하면 시장 상황에 영향을 덜 받는다.

부동산 가격은 세계 경제 상황과 시장금리, 정부의 부동산 정책에 따라서 영향을 많이 받는다. 내일 당장 한국은행이나 미국 연방준비은행에서 기준금리를 인상한다면 바로 부동산 시장에 좋지 않은 영향을 준다. 또한 정부가 강력한 부동한 규제를 하면, 부동산 가격이 주춤한다. 보유세, 취득세, 양도세를 올린다거나 종합부동산세를 강화한다면, 부동산 시장은 침체된다.

하지만 임대시장은 상대적으로 영향을 덜 받는다. 부동산 경기가 좋지 않거나, 위와 같은 부동산 규제를 해도 월세 가격은 바로 떨어지지 않는다. 그리고 2010년부터 월세를 소비자물가지수에 포함하여, 오르는데도 제약이 있지만 떨어지기도 쉽지 않다. 그래서 더욱 안정적으로 수익을 올릴 수 있다.

구분	자본이득	현금흐름
부동산 상승기 수익	상대적으로 큰 수익이 1회성으로 발생	영향이 크지 않다. 상대적으로 작은 수익이 지속적으로 발생
부동산 하락기 수익	투자금이 묶이고 시간의 흐름에 지속적으로 비용이 발생	

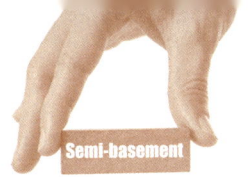

나만의 부동산을 찾다

투자의 방향은 결정했다. 주식투자에서도 경험했지만, 시세가 떨어진다면 버틸 자신이 없다. 내 성향에 맞는 현금흐름에 투자하기로 했다.

1억 원 미만의 현금흐름 투자가 가능한 부동산을 찾아 봤다. 토지 경매는 싸게 낙찰 가능해 보였지만 제외했다. 토지에 대해서는 아는 것도 없고, 특히 현금흐름이 발생하지 않는다.

그다음으로 투자 가능한 부동산은 아파트, 원룸, 오피스텔, 빌라가 있다. 이 중에서 소형 아파트 역시 월세를 받을 수 있었지만 제외했다. 낙찰가가 너무 높은 이유도 있었지만, 서울에서는 소형이라고 해도 2억 중 후반을 넘어 투자금이 부족했다.

소액 투자가 가능한 1억 원 이하로 지난 2년 동안의 물건을 검색했다. 빌라나 오피스텔 등도 감정가의 90%를 넘어 낙찰받는 경우가 많았다.

낙찰가가 낮은 경우는, 대항력을 갖춘 임차인이 있어 낙찰자가 낙찰 잔금 외에 추가로 인수할 돈이 있는 물건이거나, 법원에서 감정평가를 할 때 시세에 비해 너무 높게 감정(예를 들어 법원이 1억 원 시세의 물건을 1억 5000만 원에 감정하였다면 당연히 낙찰률은 낮게 보인다. 법원 감정평가는 시세보다 높은 경향이 있다.)하여 싸게 낙찰받은 것처럼 보이는 물건들이 대부분이었다.

간혹 경기도 외곽지역이나 충청권 이남 지역의 물건들은 서울보다는 낙찰률이 낮았지만, 회사를 다니며 입찰하기 어려워 문제가 되고, 낙찰을 받더라도 거리가 멀어 관리가 어렵다. 이렇게 하나둘씩 나와 맞지 않는 물건을 지우다 보니, 눈에 띄는 물건이 있었다.

바로 '서울의 반지하 빌라'였다. 1억 원 이하 물건도 많았고, 낙찰률도 60~70%대였고, 운이 좋다면 그 이하로도 낙찰받을 수 있을 것 같다. 하지만 가격이 싼 데는 이유가 다 있다. 여러 가지 문제가 떠올랐다.

반지하의 단점

1. 곰팡이가 많고, 습한 반지하 빌라에 누가 살 것인가?
2. 장마철에 비가 많이 와서 물이 넘치면 큰일난다.
3. 햇빛이 잘 들지 않는다.
4. 수요층이 과연 있을까?
5. 임대가 안 되면 어떻게 해야 하나?

여러 가지 단점도 있지만 장점도 있을 것이다.

반지하의 장점

1. 값이 싸다.
2. 겨울에는 따뜻하고 여름에는 시원하다. (김장독 원리)
3. 아이들이 뛰어도 걱정 없다.

이 정도밖에 생각이 나지 않았다.

'꿀벌과 게릴라'로 유명한 경영전략가 게리하멜 교수는 원숭이를 대상으로 흥미로운 실험을 했다. 방 천장에 바나나 한 송이를 매달아 놓고, 장대를 걸쳐 놓은 채 배고픈 원숭이 네 마리를 들여보냈다.

이 방에는 바나나를 낚아채는 순간 냉수를 뒤집어쓰게 하는 장치를 미리 해놓았다. 한 마리 원숭이가 장대를 이용하여 바나나를 낚아채는 순간 냉수를 뒤집어썼다. 깜짝 놀란 원숭이는 그 이후 바나나를 먹으려는 시도를 하지 않았다. 다른 원숭이도 똑같은 시도를 했고, 냉수를 뒤집어쓴 원숭이들은 결국 모두 포기했다.

그 후, 연구원들은 냉수를 뒤집어쓴 원숭이 한 마리를 꺼내고, 새로운 원숭이를 넣었다. 새로운 원숭이는 바나나를 먹기 위해 장대를 기어오르려 했지만, 기존에 있던 원숭이들이 새로운 원숭이를 끌어내렸다. 결국 새로운 원숭이는 이유도 모르고 포기했다.

계속해서 냉수를 뒤집어쓴 경험을 한 원숭이를 한 마리씩 새로운 원숭이로 바꿨고, 새로운 원숭이가 장대에 오르려 하면, 이유도 모른 채 끌려 내려왔다. 결국 그 방에는 새로운 원숭이 네 마리만 남았지만, 어느 원숭이도 장대에 오르려 하지 않았다. 아무도 그 이유를 알지 못했다.

사실, 반지하 빌라는 장점보다 단점들이 많이 떠올랐다. 반지하 빌라에 관한 경매 서적이나 참고 자료를 찾아봤지만, 찾기 어려웠다. 반지하 빌라에 관한 다른 사람의 경매 경험을 찾지 못한다고, 두려워할 필요는 없다고 생각했다. 게리하멜 교수가 실험한 원숭이들처럼 아무 이유도 모른 채 행동하지 않을 수도 있다.

반지하 빌라는 남들이 가지 않는 길이 확실했다. 남들이 가지 않는 길이 경쟁력 있는 길이다. 이런저런 것들을 다 고려하다 보면, 입찰할 수 있는 물건은 없다. 한 채를 낙찰받아보고, 문제는 그 이후에 생각해도 늦지 않다.

최악의 경우를 생각해보고, 나 자신에게 솔직히 물어봤다. 일어날 수 있는 최악의 일은 무엇인가? 실패를 한다고 해도, 5000만 원 이하의 규모가 작은 부동산이라면 감당할 수 있다. 실패한다면 몇 년 동안 월급을 쏟아부어야겠지만, 죽을 정도는 아닐 것이다.

인생에 최선의 선택만 있는 건 아니다. 최선이 안되면 차선을 선택하면 되고, 안되면 차차선을 선택하면 된다. 작은 실패를 한다면 다시 일어설 수 있고, 다른 물건을 찾으면 된다.

이런 결론을 내리고 반지하 빌라를 입찰했다. 다른 단점들은 고려하지 않았다. 그저 '싸게 살 수 있다'라는 장점과 '서울에 분명히 임대 수요가 있다'라는 믿음으로 입찰하기로 했다.

첫 반지하 빌라 취득

"그러니까 여기에 오래 머물면서 여러 가지 일들을 생각하면, 점점 그들 쪽이 올바르고 자신이 잘못되어 있는 게 아닐까 하는 기분이 드는 거야. 그들이 너무나도 빈틈없이 완결되어 있는 것처럼 보이니까 말이지. 내가 하는 말을 이해할 수 있겠어?" (중략) 옳은 것은 우리들이고 틀린 것이 그들이야. 우리들이 자연스러운 거고 그들이 부자연스러운 거야. 그렇게 믿으라고. 있는 힘을 다해 그렇게 믿는 거야.

『세계의 끝과 하드보일드 원더랜드 2권』 p105,
무라카미 하루키, 문학사상사

부동산 전문가들이나, 대다수의 부동산 관련 책들은 반지하 빌라가 좋은 투자 대상이 아니라고 말한다. 만약 내가 부동산 전문가였다면, 오히려 '반지하 빌라'라는 기회를 놓쳤을 것이다.

주변 사람들은 '돈이 되지 않는 허름한 반지하 빌라를 뭐 하러 낙찰받느냐'라고 말한다. 오히려 다른 사람들이 그렇게 말해서 기분이 좋았다. 그들은 잘 모르기 때문이다. 남들이 가지 않는 길에는 분명히 기회가 있다. 내가 옳다고 생각하고, 남들이 틀렸다. 있는 힘을 다해 나도 그렇게 믿는 것이다.

남들이 꺼리는 반지하 빌라로 입찰 방향을 결정하니, 감정가 대비 60~70%로 낙찰받는 건 생각보다 어렵지 않았다. 평일에는 회사 업무를 마치고, 경매정보 웹사이트에서 입찰 물건을 검색했다. 그리고 주말에 임장을 했다.

간혹, 잘 알고 있는 동네이거나, 바쁘다는 이유로 임장을 가지 않는 사람들이 있다. 법원이 공개한 사진과 거리뷰만 봐도 다 알 수 있다고 한다. 하지만 이런 행동은 무모하고 위험할 수 있다. 아무리 낡고 허름한 반지하 빌라라고 해도 웬만한 월급쟁이의 몇 년치에 해당하는 월급이고 고급 승용차 한 대값 이상이다. '현장에 답이 있다'라는 말도 있지 않은가. 그것이 귀찮다면 입찰하는 물건에 대한 예의가 없는 것이다.

임장은 시간이 걸린다. 사람들은 항상 효율적이려고 노력한다. 하지만 가장 효율적인 건 가장 비효율적인 곳에서 찾을 수 있다.

회사에서 설계 일을 할 때, 답이 나오지 않으면 현장으로 달려갔다. 눈으로 직접 확인하기 위해 구정물이 나오는 방류 암거 속에도 들어갔고, 맨홀 속도 일일이 확인을 했다. 그래야만 도면에서 찾지 못한 정보를 얻을 수 있고, 정확한 설계를 할 수 있다. 또한 마음이 편하고 나중에 뒤탈도 없다.

부동산 임장도 마찬가지다. 직접 걸어 보고, 동네의 분위기를 피부로 느껴야 한다. 지하철과 버스의 연계성을 경험해 보고, 빌라의 상태를 확인해야 한다. 그래야 현장이 나에게 팁을 준다.

인터넷으로 부동산 시세를 알아보기 쉽지만, 실제 매물과 차이가 있는 경우도 많다. 직접 가 보고 시장에 나와 있는 부동산 시세를 파악해야 한다. 그래서 일요일보단, 부동산이 영업하고 있는 토요일에 임장을 선호한다.

첫 물건 낙찰은 서울 도봉구 창동에 위치한 반지하 빌라였다. 지하철역과 상당히 거리가 있었지만, 4호선 수유역에서 버스로 접근이 편리했고, 주거 밀집 지역이라 조용했다. 근처에 큰 재래시장도 있어 임대수요는 충분히 있을 거라 판단했다.

감정가는 6800만 원에 세 번 유찰되어, 최저가는 3500만 원 정도였다. 2500만 원의 대항력 있는 세입자는 권리신고를 하여, 보증금을 손해 보지 않는 안전한 물건이었다. 시세를 분석해보니, 보증금 1000만 원에 월세 30만 원 정도는 받을 수 있는 물건이었다. 그리고 입찰가를 고민한 후 4200만 원에 낙찰받았다.

이 부동산의 투자금과 비용을 간략하게 정리해보면 아래와 같다.

부동산 취득을 위해 내가 필요한 돈	
낙찰금	4200만 원
각종비용	200만 원
합	4400만 원

이 부동산을 사기 위해 낙찰금 4200만 원과 취득세, 법무비, 수리비 총 200만 원을 합쳐 총 4400만 원이 필요하다.

내가 쓴 돈	
낙찰금	4200만 원
각종비용	200만 원
대출	-3000만 원
합	1400만 원

부채	
대출	3000만 원
금리	4%
월 대출이자 약 10만 원	

총 4400만 원 중에서 3000만 원은 부동산 담보 대출을 받았고, 내가 쓴 돈은 나머지 1400만 원이다. 이제부터는 '내가 쓴 돈'은 부동산, 즉 자산을 사기 위한 것이므로 앞으로 내가 쓴 돈은 '자산'이라고 표현하겠다. (자산과 부채에 대해서는 3장에 자세히 설명되어 있다.)

새로운 세입자를 구하기 전까지는 매달 월 10만 원의 이자가 발생한다. 분명히 대출을 받고 부동산에 투자해야 하는 위험이 있다. 혹시라도 기존 세입자가 이사를 가지 않아 '명도'에 어려움을 겪어, 월세를 받을 수 없는 기간이 길어질 수 있다. 운 좋게 기존 세입자가 이사 갔다고 하더라고, 새로운 세입자가 구해지지 않을 수 있다. 하지만 월 10만 원의 비용은 내 생활비를 아끼면 충분히 감당할 수 있다. 공실기간이 1년이 넘는다고 하더라도 버틸 수 있다.

수익률 분석

보증금을 손해 보지 않는 세입자였기 때문에 협상은 어렵지 않았다. 그래서 걱정했던 명도는 별 어려움이 없었다. 기존 세입자는 계속 살기를 원했고, 재계약을 하기로 했다.

법원에 잔금을 납부하면 그날로 소유권은 나에게 넘어온다. 잔금 납부 후, 법원은 3주 정도 안에 배당기일(법원이 세입자에게 보증금을 주는 날)을 잡는다. 원칙대로 한다면 잔금 당일에 소유권이 넘어왔기 때문에 그 날짜로 월세 계약을 맺어야 한다.

하지만 배당기일이 3주 정도 남아, 기존 보증금을 받지 못한 세입자는 목돈이 없을 것이다. 나는 기존 세입자와 재계약을 맺었으니, 시간도 벌었고 부동산 복비도 아꼈다. 그래서 월세 계약은 법원에서 보증금을 받는 날로 잡았다.

나는 배당기일에 계약서를 미리 작성해 법원에서 세입자와 만났다. 세입자가 배당을 받은 후 바로 계약을 맺었다. 세입자는 배당기일까지 기다려줘서 고맙다고 했다. 나는 내가 더 감사하다고 답했다. 세입자는 이사비를 요구하지 않았고, 부동산 복비 역시 들지 않았다. 명도에 두려움을 갖고 있었는데, 아무 문제없이 세입자와 계약을 맺어 내가 더 감사했다.

현금흐름을 보고한 투자였기 때문에 기존처럼 전세로 계약하지 않고, 월세로 계약했다. 보증금 500만 원에 월세 35만 원이었다. 이 부동산의 수익률을 분석해 보면 다음과 같다.

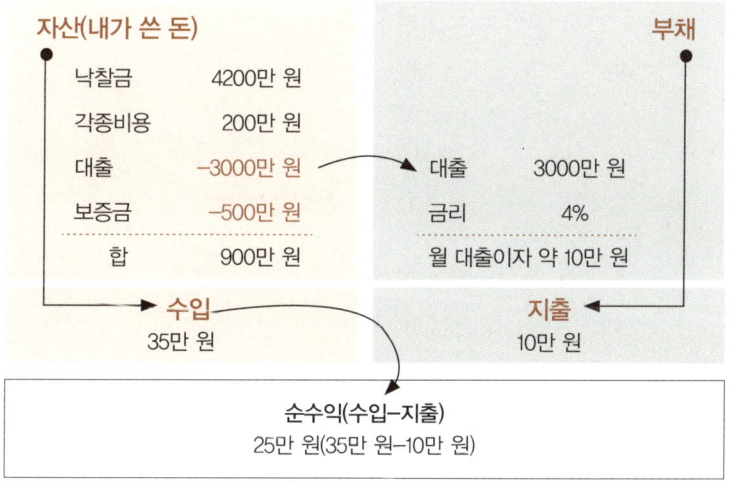

4200만 원의 반지하 빌라를 구매하는데 내 돈 900만 원을 사용했다. 이 '반지하 빌라'라는 자산은 월 35만 원의 수입을 만든다. 3000만 원의 부채가 월 10만 원의 지출을 만든다. 그래서 순수익은 25만 원이다. 수익률을 산출해 보면 아래와 같다. 수익률이란 내가 사용한 돈 대비 들어오는 수익을 1년으로 구한 값이다.

$$\frac{300만\ 원(월\ 25만\ 원 \times 12월)}{900만\ 원(내가\ 사용한\ 돈)} \times 100\% = 약\ 33.33\%$$

놀랍지 않은가? 연 수익률 33.33%라는 숫자는 웬만한 투자자들에게는 꿈의 숫자다. 투자의 현인이라고 불리는 워런 버핏도 연 수익률 20%를 목표로 삼고 투자하는데, 낡아 빠진 서울 반지하 빌라로 꿈의 수익률을 이루었다.

한 달에 25만 원이 작은 돈이라고 생각할 수 있다. 하지만 이런 부동산이 모이면 큰 힘을 발휘한다. 한 달에 1채의 부동산은 25만 원의 수익이 생기지만 10채를 모으면 250만 원이고 100채를 모으면 2500만 원이 된다. 또한 나와 같은 월급쟁이가 소액으로 투자하는데 반지하 빌라는 최고의 상품이다. 한 채의 반지하 빌라를 취득하는데 1500~2000만 원 정도의 현금이 필요하고, 이 부동산을 임대하여 보증금을 회수하면 내 돈이 1000~1500만 원 정도 필요하다. 나는 이 정도 투자금을 모으면 지속적으로 입찰했다.

집 개수와 투자금을 모으는 속도

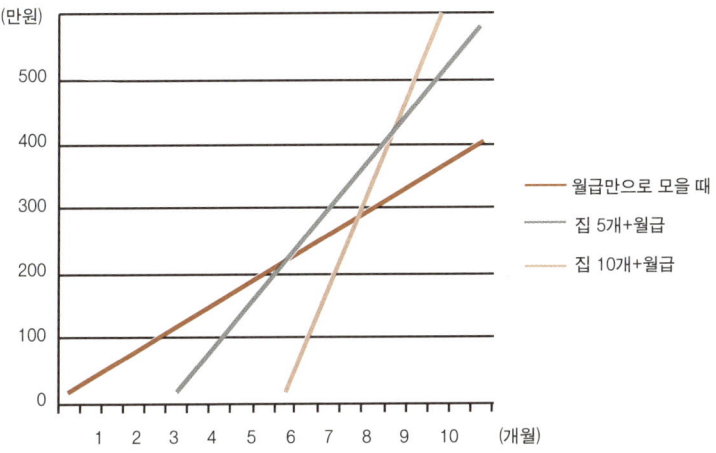

월급만 받으면서 투자금을 모으는 시간은 상대적으로 길었다. 하지만 지속적으로 월세 수익과 월급을 모아 집 개수를 늘렸다. 월세가 점차 늘어났고, 자연스럽게 투자금을 모으는 속도도 빨라졌다. 시간이 지날수록 집이 늘어나는 속도도 빨라졌다.

소비성향이 크지 않은 이유도 있었지만, 투자금을 모을 때 스트레스를 받지 않았다. 수입이 늘었다고, 무리한 지출을 하지 않았다. 반대로, 투자금을 빨리 모으기 위해 지독하게 절약 역시 하지 않았다.

세금을 떼면 1년 이자를 1~2%밖에 주지 않는 저축은 하지 않았다. 투자금을 모으면 입찰에 참여하여 부동산을 늘려 나갔다. 돈을 모아 놓으면, 반지하 빌라를 계속 낙찰받으니 수입이 늘고 있는지 느껴지지 않았다.

　월 소득은 점차 늘어났지만, 눈에 띄게 달라진 생활은 없었다. 하지만 한 가지 확실한 건 월급 이외에 조금의 월세를 하나씩 추가했더니, 똑같은 한 달 생활비를 100만 원을 쓰더라도 마음의 안정을 찾을 수 있었다.

어떤 반지하 빌라를 골라야 하나?

모든 것의 시작은 위험하다. 그러나 무엇을 막론하고 시작하지 않으면 아무것도 시작되지 않는다.

프리드리히 니체

한 개의 반지하 빌라에 자유소득 시스템을 구축해 놓으니 갈림길에 섰다. 계속 부동산을 늘려야 하는가? 아니면 부동산 대출을 갚아야 하는가? 빚을 갚는 것이 안전한 길이지만 갚는데 몇 년이 걸릴지 모르겠다. 내 남은 삶을 회사일로 빚만 갚기 위해 살고 싶지 않다. 모순적이게도 빚을 갚지 않기 위해 빚을 늘렸다. 지금 빚을 갚으면 내가 회사에서 일한 노동으로 빚을 갚아야 한다. 하지만 원금 갚기는 최대한 미루고 내 부동산 자산이 일정한 규모에 이르면 알아서 빚을 갚을 것이다. 그래서 집을 몇 채 더 늘리기로 했다. 집이 늘어나면 대출도 계속 늘어날 것이다. 위험할 수 있지만 행동하지 않으면 아무것도 시작되지 않는다.

회사를 다니며 일주일에 한 번 정도 꾸준히 입찰했다. 항상 반지하 빌라만 입찰한 건 아니다. 유찰이 많은 지상층 빌라와 오피스텔, 원룸, 소형아파트도 입찰했지만 승률이 낮았을 뿐이다. 해당 지역에 한 번 임장을 갈 때 여러 개의 물건을 골라 놓고 동선을 계획했다. 이렇게 몇 년 동안 임장하고 낙찰받아 임대하다 보니 어떤 반지하 빌라가 좋은 집일지 판단하는 기준이 생겼다.

1. 서울에 위치하고 있을 것

초등학생이 생각해도 당연한 말이다. 하지만 꼭 기억해야 한다. 아파트나 지상층 빌라는 반지하 빌라와 특성이 다르기 때문에 서울에 위치한 반지하 빌라가 유리하다. 세상에 반지하 빌라에 살고 싶어서 사는 사람이 있을까? '꼭 성곡해서 반지하에 사는 꿈을 이룰 겁니다'라고 말하는 사람은 아직까지 보지 못했다. 나도 반지하 빌라에 계시는 세입자들 덕을 보고 있지만 이분들이 계속 이곳에 사시지 않았으면 한다. 하는 일이 잘되서 꼭 지상층으로 올라갔으면 한다. 일본인의 국민성이 소박해서 소형평수의 아파트에 살고 경차를 타는 것이 아니다. 주거비용이 너무 비싸서 작은 것을 선호하는 것뿐이다. 사람이라면 누구나 타워팰리스 같은 고급 주상복합 아파트나 한남동, 평창동의 고급빌라에 살고 싶을 것이다. 반지하 빌라는 아파트나 지상층 빌라보다 거주비용이 저렴하기 때문에 사람들이 찾는 것이다. 하지만 반지층 빌라와 지상층 빌라의 주거비용이 차이가 적다면 임대하기 힘들 것이다. 그래서 집값이 상대적으로 비싼 서울과 같은 대도시가 반지하 빌라 임대에 유리하다.

2. 교통이 편리한 곳

대부분의 재테크 서적에서는 '역세권을 노려라'라고 말한다. 하지만 서울의 반지하 빌라도 지하철 역 앞에 위치한 물건은 싸게 받기 어렵다. 그렇다고 편리한 교통을 포기하라는 말은 아니다. 지하철 역과 연계된 마을버스 정류장 근처를 노린다면 추후 부동산에 임대를 할 경우 임차인을 고르는데 유리하다. 지난 2017년 9월 2일 개통한 우이신설선은 수유동과 쌍문동에 위치한 몇 개의 내 부동산을 역세권으로 만들어 주었다. 8년의 공사기간 동안 우여곡절이 많았지만 결국 개통했다. 이로 인한 지가 상승이나 임대료 상승은 눈에 띄진 않았지만 분명히 좋은 영향을 끼쳤다. 96년도 지어진 5호선 마곡역은 공사완공 12년 만에 개통했다. 정부가 교통 계획을 수립하면 대부분 계획대로 된다. 정확한 날짜는 아니더라도 언젠가는 개통한다. 나는 경매로 구입한 부동산을 임대하고 기다리기만 하면 된다. 교통정비 기본계획, 대중교통 계획 등 시에서 공개한 정보만 참고하면 전문가가 아니라도 향후의 교통계획을 알 수 있다.

3. 볕이 잘 드는 물건을 찾아라.

반지하는 당연히 볕이 들기 어렵다. 빽빽하게 지은 빌라촌에는 지상층도 옆 건물에 가려 햇빛이 들지 않는 경우도 많다. 임장을 가서 반지하 빌라 창문에 햇볕이 꽂혀 있는 장면을 본다면 '이 부동산 꼭 갖고 싶다' 하는 생각이 들 것이다. 길모퉁이나 길가가 시끄러울 수 있지만 햇볕을 받는 건 유리하다.

4. 언덕에 걸쳐 있는 반지하 부동산을 선택하라.

임장을 다니면 우리나라 빌라들은 언덕 위에 지어진 경우가 많다. 그래서 편안한 운동화를 신고 가는 건 필수다. 서울 북쪽은 북한산, 도봉산, 수락산이 둘러싸고 있어 언덕에 위치한 빌라가 많을 거라 생각하는데 오히려 평지에 지은 빌라가 많다. 강서, 관악, 강남쪽이 오히려 언덕이 심하다. 언덕에 위치한 빌라는 걸어서 다니기 힘들 수도 있지만 마을버스가 깊숙한 곳까지 연결되어 있는 곳이 많다.

언덕의 장점은 이상기후로 폭우가 내린다고 해도 침수에 안전하고, 또한 1층 같은 반지하 빌라를 발견할 수 있는 기회를 얻을

웬만한 2층보다 높은 곳에 위치한 반지하   주차장 높이와 같은 바닥층

수 있다. 언덕에 걸쳐져 있어 현관입구는 1층과 높이가 같고 반대쪽은 언덕에 묻혀 있는 경우이다. 이런 반지하는 '바닥층'이라고 부른다. 현관으로 출입하는 계단이 없기 때문에 노인들과 아이들이 있는 세입자들이 선호한다. 이보다 더 좋은 반지하 빌라는 지상에서 계단으로 올라가야 B01호가 있는 경우이다. 이런 빌라를 만난다면 지상층과 같은 시세로 임대가 가능하기 때문에 입찰가를 조금 더 높여도 좋다.

5. 반지하 원룸은 가능한 피하라.

임대시장의 꽃은 원룸이다. 인구는 줄고 있지만 1인 가구 비중은 점차 늘고 있고, 원룸의 수요 역시 증가하고 있다. 하지만 반지하 원룸은 지양하는 게 좋다. 왜냐하면 원룸은 공급이 너무 많다. 원룸은 일반 주거지역뿐 아니라 오피스텔이라는 탈을 쓰고 상업지역과 준주거 지역에도 지을 수 있어 공급이 탄력적이다.

자고 일어나면 원룸건물이 하나둘씩 생긴다.

물론 2~3개 방을 갖춘 주거형 오피스텔도 많지만 건물주 입장에서는 같은 건물에 세대수를 많이 둘 수 있는 원룸을 선호한다. 그리고 결정적으로 방 2~3개가 있는 주거형 오피스텔은 반지하 빌라 임대료보다 훨씬 비싸서 안심해도 된다. 풀옵션을 갖춘 신축 원룸이 많다 보니 월세가격은 떨어진다. 신축 원룸의 월세가격이 떨어진다면 반지하 원룸에 들어올 세입자는 없다.

6. 대지 지분이 많은 곳을 선택하라.

반지하 빌라는 꼭 현금흐름을 보고 투자해야 한다. 사람들이 많이 하는 갭투자를 하기는 상대적으로 어렵다. 다른 부동산과 비교해 반지하는 매매가 잘 안 된다. 그렇다고 월세가 계속 나온다고 팔지 못할 부동산을 평생 갖고 있을 수는 없다. 시간이 지나면 건물이 낡아 임대료는 떨어질 것이다. 그렇다면 반지하 빌라의 출구 작전은 무엇일까. 낡은 빌라를 부수고 새 빌라를 지으면 된다. 그래서 땅의 지분이 중요하다. 헌 빌라가 새 빌라로 바뀌기 위해서는 건물평수가 아니고 대지지분, 즉 해당 건물이 땅을 얼마나 갖고 있느냐가 중요하다. 오래된 빌라 일수록 임대료에서는 불리하지만 세대수가 적어 대지지분에서는 훨씬 유리한 경우가 많다. 지역별로 편차가 크겠지만 서울에 위치한 빌라를 재건축할 경우 대지면적 평당 1300만 원에서 2000만 원 정도에 건축업자에게 팔 수 있다. 이를 참고하면 경매 입찰가를 결정하는데도 도움이 될 것이다. 재건축을 위해서 각 세대의 동의를 구하는데 어려움이 있겠지만 나는 급하지 않다. 나는 세입자에게 월세를 받으며 기다리기만 하면 된다. 또 재건축을 하면 반지하가 지상으로 바뀌는 건 덤이다.

7. 성수대교, 삼풍백화점, 리먼브라더스 사태를 기억하라.

오래된 반지하 빌라를 관리하다 보면 특히 곰팡이와 누수와 싸울 일이 많다. 반지하라고 곰팡이가 꼭 생기는 건 아니고, 지상층 빌라라고 곰팡이가 없는 것도 아니다. 내가 보유한 주택 중 겉이 가장 깔끔한 지상층 빌라 두 채가 있다. 반지하도 아닌데 두 물건은 곰팡이와 누수로 속을 많이 썩였다. 이 빌라의 공통점은 모두 2008년에 완공된 집이다. 이보다 오래된 집도 많은데 문제가 많았던 이유를 생각해 보니 2008년은 리먼브라더스 사태가 일어난 해였다. 우리나라는 상대적으로 영향이 적었지만 2008년 전까지 우리나라 부동산 경기가 좋았다. 건설경기가 좋은 틈을 타 건물을 빨리 짓고 빨리 팔아 버리려는 건설회사가 많았고, 날림 공사가 많았던 것 같다. 반대로 90년대 중 후반 건물은 앞 사례의 빌라보다 오래됐지만 비교적 잘 지은 집이 많았다. 그래서 그때의 빌라들은 속을 썩인 일이 거의 없다. 이유를 생각해 보니 94년은 성수대교가 무너졌고 95년은 삼풍백화점이 무너진 우리나라 건

축역사의 암흑기이다. 이 비극적인 참사를 교훈삼아 건축법을 강화했고 현장 감리도 철저히 한 시기이다. 그래서 이 시기의 건물들은 비교적 건강한 건물들이 많다. 2007~2008년 빌라는 조금 가격을 낮추고, 90년도 중 후반 빌라는 약간 높여 입찰하는 것도 방법이 될 수 있다.

내가 말한 이 7가지는 반지하 빌라를 고르는데 기본사항이 아니고 권장사항이다. 위 조건을 모두 만족하는 빌라를 찾기도 어렵지만 낙찰받는 것은 더 어렵다. 권리분석을 하고 현장조사를 한 후 빌라의 장점을 찾아 기쁜 마음에 입찰한다. 하지만 패찰했을 때 허무함이 너무 크다. 이 물건에 공을 들인 게 너무 아깝다는 생각이 든다. 마치 햇살을 손에 잡으려 해도 잡자마자 손가락 사이로 빠져나가는 것 같은 기분처럼 말이다. 하지만 물건과 사랑에 빠져 무리하게 높게 낙찰받는 일은 없었으면 한다. 아무리 좋은 물건도 오직 수익률만 생각하자. 패찰하면 '나와 인연이 없는 물건이구나' 하고 깨끗하게 털고 일어나면 된다. 앞으로 경매를 계속할 거라면 입찰할 물건은 많으니 초조해할 필요 없다. 앞과 같은 장점을 찾지 못해도 서울 반지하 빌라는 임대가 잘될 것이다. 중요한 건 머리로만 생각하지 말고, 임장을 나가고 입찰하는 것이다. 경쟁력은 내가 찾는 것이다.

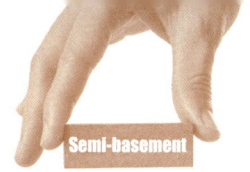

왜 반지하를 주목했나?

> 소설의 아이디어는 그야말로 허공에서 느닷없이 나타나 소설가를 찾아오는 듯하다. 전에는 아무 상관도 없던 두 가지 일이 합쳐지면서 전혀 새로운 무언가를 만들어 내는 것이다. 그러므로 소설가가 해야 할 일은 아이디어를 찾아내는 것이 아니라, 막상 아이디어가 떠올랐을 때 그것이 좋은 아이디어라는 사실을 알아채는 것이다.
>
> 『유혹하는 글쓰기』 p43, 스티븐 킹, 김영사

처음 반지하를 입찰한다는 건 허공에서 느닷없이 나를 찾아왔다. 반지하 빌라를 경매시장에서 구매하여 임대하는 게 좋은 아이디어라는 생각을 하지 못했다. 오직 싸다는 이유로 입찰했고, 몇 년간 임대했다. 시간이 지나 되돌아보니 반지하는 너무나 많은 경쟁력을 갖고 있었다. 그것이 내 인생을 바꿀 만큼 좋은 아이디어라는 걸 이제야 알게 됐다.

아이디어 #1 - 반지하 빌라는 싸다

반지하 빌라는 지상층 빌라에 비해 훨씬 저렴하다. 매매 가격은 싸지만, 임대료는 상대적으로 싸지 않다.

예를 들어 서울에 방 3개짜리 지상층 1억 6000만 원 정도에 낙찰받은 빌라가 있다고 생각해 보자. 연식과 지역에 따라 다르지만, 이 빌라로 월세를 받는다면 보증금 2000만 원에 월세는 60만 원 정도 받을 수 있다.

같은 평형의 반지하는 8000만 원 정도에 낙찰받을 수 있다. 그렇다면 이 반지하의 월세는 어느 정도일까? 낙찰 가격이 절반이니 비율로 따진다면 보증금 1000만 원에 월세 30만 원을 받아야 정상이다.

하지만 이 정도 반지하 빌라는 보증금 1000만 원에 월세 50만 원은 받을 수 있다. 임대 수익률이 훨씬 높다. 두 빌라에 연 4%의 6000만 원 대출, 한 달에 20만 원의 이자가 나간다고 생각하고 수익률을 계산해 보자.

지상층 빌라

$$\frac{\text{연수입 480만 원}(월\ 60만\ 원-이자\ 20만\ 원\times 12개월)}{\text{내 돈 8000만 원}(1억\ 6000만\ 원-보증금\ 2000만\ 원-대출\ 6000만\ 원)} \times 100\% = 6.0\%$$

반지하 빌라

$$\frac{\text{연수입 360만 원}(월\ 50만\ 원-이자\ 20만\ 원\times 12개월)}{\text{내 돈 1000만 원}(8000만\ 원-보증금\ 1000만\ 원-대출\ 6000만\ 원)} \times 100\% = 36.0\%$$

지상층 빌라는 연 6%의 수익을 거두고, 반지하 빌라는 36%의 수익을 거둔다. 같은 평형의 빌라가 몇 층인지에 따라 수익률이 30% 포인트 차이가 난다. 위 수익률 차이는 일반적인 경우를 말한 것이라 모두 이와 같다고 말할 수는 없다. 하지만 실제로 경험해 보면 반지하 빌라와 지상층 빌라는 수익률 차이가 엄청나다.

물론 이에 반해, 매매 거래 차익을 거두는 건 어려울 수 있다. 지인 중 몇 명은 이런 노하우를 책으로 쓰는데 우려를 표하기도 한다. 반지하 빌라를 사람들이 주목한다면, 싸게 사기 어려워질 것이고 수익률이 떨어지는 거 아니냐고 말이다. 물론 맞는 말이다. 하지만 '헬조선', '흙수저'와 같은 말들이 팽배한 현실에서 가진 것 없는 대한민국 젊은 사람들도 기회가 있다는 것을 전달하고 싶다.

꼭 반지하 빌라를 통해서 자신의 경쟁력을 찾으라는 말은 아니다. 사회가 좋다고 말하는 대기업과 공기업, 공무원에 젊은 사람들의 미래가 있는 게 아니다. 반지하 빌라와 같이 아무도 쳐다보지 않는 곳에도 자신의 경쟁력과 미래를 찾을 수 있다.

아이디어 #2 - 월급쟁이 최고의 소액투자 상품

반지하 빌라 경매는 월급쟁이가 할 수 있는 최고의 소액 투자 상품이다. 서울에서 1000~2000만 원으로 부동산에 투자할 수 있는 물건은 거의 없다. 다른 지역의 부동산은 가능할지 모르겠지만, 회사를 다니면서 관리하기 어렵다. 소형 오피스텔, 원룸은 가능하지만, 싸게 낙찰받기 어렵다. 그래서 반지하 빌라에 비해 수익률이 현저히 낮다.

부동산 이외의 투자를 생각해 봐도, 매달 월급처럼 주는 투자를 찾기 쉽지 않다. 내가 빌라를 23채 소유하고 있다고 말하면 사람들은 한결같이 "집이 잘사나 보네요" 또는 "월급이 많은 회사에 다니나 보네요"라고 말한다. 하지만 나는 부모님께 돈을 받아 반지하 빌라를 산 것도 아니고, 월급이 남들보다 많은 대기업에 다니지도 않았다.

오직 내 월급 200~300만 원을 모아서 꾸준히 반지하 빌라에 투자했다. 공격적으로 투자하면 짧게는 4~5년, 안정적으로 투자해서 길게는 10년이면 누구나 할 수 있다. 물론, 다른 지출은 줄이려고 노력했다. 자동차를 사는 건 최대한 미뤘고, 외식도 하지 않았고, 배달음식도 거의 먹지 않았다. 연금보험이나 흔한 실비보험도 들지 않았고, 저축도 하지 않았다. 부모님은 악착같이 절약하는 나를 말렸지만, 나는 조금이라도 더 월급을 모아 부동산을 사는 일이 재미있었다.

나는 집을 사서 현금흐름에 투자를 하는 게 노후를 위한 연금이고, 보험이며, 저축이라고 생각했다. 부동산 경매를 공부하면서 여러 책들을 읽었다. 돈 없이 투자했다는 사람도 많았고, 몇백 개의 부동산을 소유하여 몇 천만 원의 월세를 받는 사람도 있었다. 한 달에 200~300만 원을 받는 월급쟁이가 '과연 저렇게 할 수 있을까?' 하는 의문이 들었다.

나는 부동산 경매를 하는데, 돈 한 푼 들지 않는다는 말은 하지 않겠다. 경매를 하는데 당연히 돈이 필요하고, 꾸준히 부동산을 늘릴 땐, 월급쟁이로서 모은 월급은 꼭 필요하다. 또 월급쟁이라는 신분은 부동산 담보대출을 받을 때도 유리하다.

회사를 다니며 투자금을 모으고, 월급쟁이의 신용을 이용해 담보대출을 활용한다. 1000~2000만 원이 모이면 집을 하나씩 늘려라. 분명히 작은 돈은 아니지만, 이 정도 금액을 모으는 건 월급쟁이라면 누구나 할 수 있다.

처음에는 시간이 걸리겠지만, 월세가 늘어나면서 투자금이 모이는 속도가 빨라진다. 처음에는 한 번에 한 건밖에 낙찰받지 못하지만, 현금흐름이 늘어나면서 한 번에 두세 건씩 낙찰받아 진행할 수 있다. 그래서 부동산이 늘어나는 시간이 빨라진다. 그리고 월세가 회사 월급보다 많아지면, 월급이라는 파이프라인과 이

별하면 된다. 그 후 자신이 원하는 일을 하면 된다.

아이디어 #3 - 전월세 전환율이 좋다.

규모가 작은 부동산일수록 전월세 전환율이 좋다. 전월세 전환율이란 전세를 월세로 전환했을 때 비율을 말한다. 계산하는 공식은 아래와 같다.

$$전월세\ 전환률 = \frac{연간\ 임대료}{전세금 - 월세보증금} \times 100\%$$

예를 들어 전세 1억 원의 주택을 월세로 전환하여 보증금 1000만 원에 월세 50만 원으로 계약했을 경우

$$\frac{600만\ 원(50만\ 원 \times 12개월)}{9000만\ 원(1억\ 원 - 1000만\ 원)} \times 100\% = 6.7\%$$

다음는 서울시 2017년 2/4분기 전월세전환율표이다. 집주인 입장에서는 비율이 높으면 수익률이 좋다.

주택유형	보증금				
	전체	~1억 원	1~2억 원	2~3억 원	3~억 원
전체	5.0	6.4	4.5	4.3	4.2
아파트	4.4	5.5	4.5	4.4	4.2
다세대·연립	4.9	6.1	4.5	4.1	4.0
단독·다가구	5.9	6.7	4.7	3.6	–

출처: 서울시 주택정책과

전월세 전환율의 특징은 전세 보증금이 낮을수록, 전환 비율은 높다. 보증금이 작은 1~2억 원 구간은 아파트보다 다세대와 단독주택의 비율이 높다. 전세 보증금이 낮다는 말은 집값도 낮다는 말이다. 서울에서 집값이 낮은 대표 주택은 반지하 빌라이다.

당신이 현금흐름에 투자한다면 강남에 10억짜리 아파트 한 채에 투자해서 월세를 받는 것보다, 강북이나 강서에 1억짜리 반지하 빌라 10채에서 월세를 받는 게 낫다.

아이디어 #4 - 서민들이 살 집이 없다.

우리나라 대기업 근로자의 소득이 소기업의 3배를 넘는 것으로 조사됐다. 특히 대기업과 소기업 간 소득 격차가 미국, 일본보다도 큰 것으로 나타났다. 중소기업연구원 노민선 연구위원은 13일 낸 '기업 규모별 임금 격차 국제 비교 및 시사점' 보고서에 따르면 지난해 우리나라 500인 이상 대규모 기업의 월평균 임금액은 약 680만 원으로 5인 미만 기업 210만 원의

3.2배에 달했다. (후략)

「아시아경제」 2017. 9. 13

반지하 빌라는 서민들을 위한 주택이다. 서울에 꼭 거주를 해야만 하는 사람들이 거주비용을 줄이기 위해 선택한다. 반지하 빌라에 거주하면서 대기업에 다니고, 수입이 넉넉한 사람들은 거의 없다. 그들은 대부분 아파트를 선호한다.

물가는 계속 오르는데 서민들의 소득은 오르지 않는다. 앞의 신문기사처럼 대기업과 중소기업 근로자들의 격차는 오히려 점점 벌어진다. 서울에서 서민들이 소득에 맞춰 거주할 수 있는 주택은 오래된 지상층 빌라이거나 반지하 빌라이다. 임대 공공주택들도 있긴 하지만 공급은 턱없이 부족하다. 특히 서울에 공급은 더 적다.

그런데 주거비용이 저렴한 낡은 빌라는 점점 줄어든다. 정부가 노후한 지역을 묶어 재개발하거나, 빌라 집주인들이 모여 소규모로 재건축을 진행한다. 그곳에는 새 아파트 단지와 신축 빌라들이 들어선다. 깔끔한 동네 모습에 보기는 좋지만, 기존 세입자는 임대료가 몇 배 이상 올라 더 이상 이곳에서 살 수 없다.

또한, 이제 서울에서는 서민들의 주택인 반지하 빌라를 짓기 위해 허가를 받기도 어렵다. 2010년과 2011년 폭우로 인해 서울에 큰 침수 피해가 발생했다. 피해를 받은 주민들은 당연히 반지하 주민들이었다. 이런 문제로 서울시는 반지하 주택 건축 허가 심사를 강화했고, 침수 피해가 잦은 지역은 반지하 주택을 지을 수 없다.

그리고 빌라를 건축할 때, 지상 1층을 필로티 주차장으로 이용하면 연면적 및 층수 산정에서 제외해 준다. 이 때문에 건축주 입장에서는 공사비는 똑같이 드는데, 지상층에 비해 싸게 팔아야 하는 반지하를 지을 필요가 없다. 이처럼 서울에는 서민들의 주택인 반지하의 공급은 늘지 않는다.

하지만 부자들과 중산층을 위한 주택 공급은 재개발과 재건축을 통해 계속 늘고 있다. 이로 인해 서울 집값은 오른다. 소득의 양극화가 심해져 중산층의 숫자는 줄고, 서민들은 늘고 있다.

서울은 소득이 많든 적든 살고 싶은 도시다. 일자리도 많고, 문화와 교육, 인프라 시설이 잘 갖추고 있는 세계적인 도시다. 서울시 인구수에 대한 통계자료를 확인해 보면 2016년 5월 이후로 1000만 명의 벽이 무너졌다. 인구가 줄고 있으니, 서울의 주택시장에 투자하는 건 피해야 할까? 대부분 사람들은 서울이 싫어서 떠나는 게 아니라, 주거비용이 비싸서 떠나는 것이다.

투자라고 하면 신규 분양시장에 엄청난 경쟁률을 뚫어야 하는 몇 억씩 하는 아파트를 떠올린다. 하지만 반지하는 아직 싸다. 공급은 없지만, 수요는 많다. 따라서 반지하 빌라에 투자하는 건 분명히 매력 있다.

Semi-basement

발칙한 월급쟁이의
부동산 관찰

자네는 눈으로 보긴 해도 관찰을 하지 않아.

보는 것과 관찰하는 것은 전혀 다르지.

• 『셜록 홈즈의 모험』 p14, 아서 코난 도일, 현대문학 •

파이프라인 이야기

현금흐름의 파이프라인을 구축하는데, 많은 아이디어를 가져다준 이야기를 소개한다. 주로 네트워크 마케팅에서 많이 인용하는 이야기지만, 우리의 직업과 삶에 대해서도 많은 것을 이야기해준다.

이 이야기를 통해 '하루 8시간 일해야 먹고 살 수 있다'는 생각과 '월급쟁이로만 살아가야 한다'는 생각을 바꿨다. 결국 추가적인 수입을 늘려 경제적인 자유를 얻었고, 그 시작에는 파이프라인 시스템이 있었다.

이 전체 이야기는 로버트 기요사키의 『부자아빠 가난한 아빠 2권』와 버크 헤지스의 『파이프라인 우화』에서 찾아볼 수 있다. 내가 쓴 파이프라인 이야기는 이 두 책과는 조금 다른 관점에서 썼다.

어느 마을에 쌤(Same)과 디프(Diff)라는 가난한 두 젊은이가 살고 있었다. 험준한 계곡에 위치한 이 마을은 항상 먹을 물이 부족했다. 그래서 마을의 대표는 이곳에서 몇 킬로로 떨어진 호수에서 매일 물을 날라주는 공급자를 구한다는 공고를 냈다. 이에 젊고 건강한 쌤과 디프가 지원하여 일을 따냈고, 두 사람은 양동이를 들고 매일 호수에서 물을 길어 왔다.

먹는 물을 마을에 독점적으로 공급하는 일을 맡아 쌤은 기분이 좋았다. 금방이라도 부자가 될 수 있을 것 같았다. 디프도 기분이 좋았다. 수입이 생겨 이제는 끼니 걱정은 하지 않았다.

하지만 하루 종일 물통을 나르느라 온몸이 쑤셨고, 손은 물집 투성이였다. 지금은 젊기 때문에 이 일을 할 수 있지만, 나이가 들면 이 일을 계속할 수 없을 것 같았다. 그리고 무엇보다 이 일은 내가 하고 싶은 일이 아니었다. 단지 먹고살기 위해 하는 것이다. 지금 당장은 생계를 위해 물을 길어 와야 했지만, 어떻게 해서든 쳇바퀴 도는 생활에서 탈출해야 했다.

그러던 어느 날, 디프는 쌤에게 사업을 제안했다. 호수와 마을을 연결할 파이프라인을 건설하자는 것이었다. 수도꼭지만 틀면 물이 나오는 시스템을 만들자고 했다.

하지만 쌤은 생각이 달랐다. 현재의 생활이 만족스러운데, 굳이 힘들게 추가적인 일을 할 필요가 없다고 했다. 1년에 3주는 휴가를 갈 수 있고, 공휴일과 주말은 쉴 수 있다. 몇 달만 더 일하면 고급 외제차를 살 수 있고, 몇 년만 더 하면 집도 살 수 있다고 했다.

물을 길어 오는 일만 해도 바쁘고, 힘들게 고생하고 싶지 않다고 했다. 하루 8시간 일도 힘든데, 파이프라인까지 건설하면 자신은 쉴 시간이 없다고 했다. 열심히 일하고, 쉴 시간도 없이 팍팍하게 살고 싶지 않다는 것이다. 결정적으로, 험준한 계속 사이로 파이프라인을 설치하는 건 가능성이 없다고 했다. 쓸데없는데 시간 낭비하지 말라며, 오히려 디프에게 충고했다.

하지만 디프는 포기하지 않았다. 쉬운 일이 아닌 걸 알고 있었고, 몇 년이 걸릴지도 몰랐다. 혼자서 파이프라인을 건설하기 시작했다. 반나절은 물을 길어 나르고, 나머지는 파이프라인 공사를 했다.

주변 사람들은 디프를 보고 '무모한 놈'이라고 놀렸다. 디프가 파이프라인 건설 때문에 하루 절반밖에 일을 못하니, 쌤의 수입은 2배가 됐다. 열심히 물통을 나른 쌤은 고급 외제차도 샀고, 34평형 아파트도 샀다. 부족한 돈은 대출로 충당했다. 수입이 좋은 쌤은 신용이 높았고, 지금처럼 일해서 돈을 번다면 대출을 많이 받아도 문제가 되지 않을 거라고 생각했다.

사람들은 더 이상 쌤을 가난한 사람으로 보지 않았다. 쌤은 디프를 만날 때마다 새로 산 물건들에 대해 자랑을 했고, 가능성 없는 파이프라인 건설은 포기하고 평범하게 살라고 했다. 평범하게 살아도 열심히 주어진 일만 하면, 자기처럼 살 수 있는데 왜 사서 고생을 하냐는 것이었다.

하지만 디프는 대다수가 하는 말은 듣지 않고, 자신의 생각한 길로 갔다. 쌤이 여유로운 주말 시간과 저녁시간을 보내고 있는 동안, 디프는 부지런히 파이프라인을 건설했다. 몇 년이 지나 공사가 절반 정도 끝났다. 물을 길어 오는 거리가 반으로 줄자, 한결 여유가 생겼다. 일의 양은 줄었지만 수입은 줄지 않았다.

몇 년 동안 같은 길을 왕복하며 물을 길어 나른 쌤은 매일 무거운 양동이를 들고 다녀서 인지 양쪽 어깨가 축 늘어졌고 등은 굽었다. 훤칠했던 예전의 모습은 없었다. 쌤은 몇 년 간의 힘든 노동에 지쳤고 재미가 없었다. 일을 쉬고 싶었지만, 매월 납부해야 하는 대출금을 상환해야 하기 때문에 그만 둘 수 없었다. 매일 힘든 노동은 저녁에 친구들과 술자리로 풀었다.

드디어 5년간의 노력 끝에 디프의 파이프라인을 완성했다. 사람들은 환호성을 쳤다. 양동이 물보다 수질이 좋았기 때문이다.

하지만 쌤의 물은 경쟁력이 없었다. 손으로 직접 나르는 물이었기 때문에, 양동이를 옮기면서 낙엽이나 먼지가 들어가 수질이 좋지 않았다. 어쩔 수 없이, 쌤은 디프의 물보다 싸게 팔아야 했다. 쌤의 물은 주로 건강을 생각하는 부자들이 구매했고, 디프의 물은 돈을 아껴야 하는 가난한 사람들이 구매했다.

쌤은 수입이 줄었다. 물을 싸게 파니 전보다 더 많은 노동을 해야만 기존의 생활을 유지할 수 있었다. 밤늦게까지 시간 외 근무를 하는 날이 많아졌다. 나이가 더 들어 체력은 떨어졌지만, 양동이를 짊어져야 하는 노동은 늘었다. 끊임없이 일을 해야만 했다.

하지만 디프는 더 이상 양동이를 들고 나르지 않아도 된다. 그가 잠을 자고 있어도 여행을 가더라도 파이프라인에 물은 계속 흐르고 있다. 수도꼭지만 틀면 깨끗한 수질의 물을 팔 수 있다. 경제적인 자유를 얻은 디프는 돈을 벌기 위한 일 말고, 자신이 정말하고 싶은 일을 찾아 떠났다. 돈을 신경 쓰지 않고 자신이 할 수 있는 일을 할 수 있다는 건 신나는 일이었다. 끝.

위 이야기는 항상 나에게 질문한다. '나만의 파이프라인을 건설하고 있는가?'라고 말이다. 수도꼭지만 틀면 돈이 흘러나오는 경제적인 자유는 모든 사람들이 꿈꾼다. 생각은 많이 하지만 행동하지 않는다. 왜냐하면 그 일은 굉장히 귀찮고, 내 시간을 많이 뺏어 간다. 하루 종일 월급쟁이들은 일과시간 업무와 야근에 시달려 시간이 없다. 이렇게 시달렸기 때문에 월급쟁이는 보상을 받아야 한다.

업무가 끝나면 스트레스를 풀기 위해 동료들과 술 한잔해야 한다. 가족들과 저녁식사를 해야 하고, 소파에 누워서 뉴스를 보며 세상 돌아가는 일도 알아야 한다. 놓친 예능과 드라마도 챙겨 봐야 하고 PC, 스마트폰 게임 캐릭터의 경험치도 올려야 한다. 주말에는 가족들과 시간을 보내야 하고, 못 만났던 친구들도 만나야 한다. 또 한 주 동안 고생한 나에게 상을 주기 위해 쇼핑을 한다.

이렇게 많은 일을 하고 있으니 파이프라인을 구축할 시간이 없다. 그러다가 마음이 불안하면 남들을 따라 영어학원이나 자격증 학원에 등록한다. 학원에 가지 않아도 등록만 해놓으면 마음이 편하다. 뭔가를 하고 있다는 착각을 준다. 이러한 생활을 반복한다. 이렇게 바쁘게 살고 있으니 시간이 없다. 원하는 바를 이루기 위해서는 집중적으로 한 가지를 파고들어야 한다. 하지만 뭔가에 항상 바쁜 사람은 신경 쓸 일이 많아서 도달하기 어렵다. 마음이 평화로워야 목표를 이룰 수 있다.

나만의 파이프라인을 구축하려면 '무엇을 해야 하나?'를 고민할 게 아니고, '무엇을 하지 말아야 할까?'를 정확히 구분해야 한다. 남들이 한다고 나도 똑같이 따라 하면 안 된다. 인생에 파이프라인 건설이 가장 중요한 건 아니지만, 이것은 당신의 가정에 경제적인 도움을 줄 것이고 당신의 삶을 확실하게 진보시킬 것이다.

자산과 부채

파이프라인을 구축하는 방법 중 하나는 자산을 사는 것이다. 수입이 생기면 자산을 사면 된다. 아래 그림처럼 자산을 사면 수입이 생기고, 부채를 사면 지출이 생긴다. 부자들은 자산을 사면서 부를 축척한다. 중산층과 서민들은 부채를 사기 때문에 가난해지고 계속 일해야 하는 것이다.

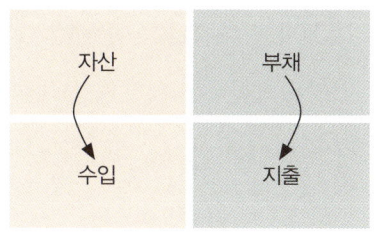

그림과 같이 수입을 부르는 자산을 지속적으로 구매한다면 부자가 될 수 있다. 그렇다면 자산과 부채는 무엇일까? 회계학에서 자산이라고 하면 현금, 상품, 제품, 매출채권, 유형자산, 무형자산 등을 말한다. 이렇게 어려운 용어들을 보니 회계학이란 학문이 쳐다보기 싫어진다. 하지만 내가 좋아하는 『부자 아빠 가난한 아빠』의 저자 로버트 기요사키의 이론을 빌려와 보자.

자산은 주머니에 돈을 넣는 어떤 것이다.
부채는 주머니에서 돈을 빼내는 어떤 것이다.
『부자 아빠 가난한 아빠 1권』 p99,
로버트 기요사키, 황금가지

우선, 소유하고 있는 걸 팔았을 때 생기는 수입에 대해서는 생각하지 말고, 오직 내가 갖고 있을 때만 생각해 보자.
내가 소유하고 있는데 그것이 내 주머니에 돈을 넣어주면 자산이고, 내가 소유하고 있는데 계속 비용이 발생한다면 부채이다.
이렇게 정의하니 굉장히 쉽다.
예를 들어 내가 자동차를 소유하고 있으면, 이것은 주머니에서 돈을 빼 간다. 그렇다면 자동차는 나에게 부채이다. 앞에서 말했듯이 자동차를 판다면 수입이 생기겠지만, 판다는 개념은 없다고 생각하자.

만약, 내가 렌터카 업체 사장이라면 자동차는 자산이다. 내가 소유하고 있으면서 자동차는 비용(세금, 수리비, 인건비, 대출이자)이 발생하지만, 자동차를 고객들에게 빌려주고 돈을 받는다. 그리고 수입이 생긴다.

수입(고객에게 받은 돈) 〉 비용(세금, 수리비, 인건비, 대출이자)

이렇게 되면 자동차는 자산이다. 그렇다면 세상의 모든 렌터카 업체 사장에게 자동차는 자산일까? 그렇지 않다. 내가 항상 적자를 보는 렌터카 업체 사장이라면, 이 자동차는 부채가 된다.

수입(고객에게 받은 돈) 〈 비용(세금, 수리비, 인건비, 대출이자)

이렇게 되면 자동차는 또 부채가 된다. 같은 자동차지만 자산이 될 수도 있고, 부채가 될 수도 있다. 한 사람이 두 가지의 얼굴을 갖고 있는 지킬 박사와 하이드처럼 말이다.

사람들이 자신의 집은 최고의 투자이자 자산이라고 하는 이유는, 상황마다 변할 수 있는 집의 양면을 바라보지 않고 한 가지 면만을 바라보기 때문이다. 자신이 살고 있는 집은 소유하고 있으면 비용을 계속 발생하는 부채가 맞다. 대출이 있다면 매달 이자와 원금을 지불해야 할 것이고, 7월과 9월이 되면 재산세도 내야 한다. 관리비도 내야 하고 각종 공과금도 내야 한다. 지속적으로 비용이 발생한다.

내가 말하는 개념은 회계학에서 말하는 자산과 부채와는 조금 다를 수 있다. 앞서 말한 것처럼 수익이 발생하는 자산을 계속 산다면, 언젠가는 회사를 그만둘 수 있고 경제적인 자유를 누릴 수 있다.

하지만 대부분 중산층과 가난한 사람들은 부채를 먼저 산다. 지금 살고 있는 집은 낡고 좁으니, 좀 더 빚을 지고 넓은 집으로 이사를 간다. 연말에 보너스를 받으면 어떤 자동차로 새로 바꿀지 고민한다. 1년도 안된 멀쩡한 휴대폰도 쉽게 바꾸고, 이러저러한 이유를 끌어다가 기존 낡은 가전제품을 새것으로 교체한다.

자본주의 사회는 새로운 것을 구매하면 공허감을 채울 수 있다고 믿게 만드는 최고의 시스템이다. 하지만 몇 달이 지나면 또 구매 충동이 일어난다. 벤츠를 타고 롤렉스 시계를 차면 남들과 차별화가 될 줄 알지만, 정작 남들과 똑같아지는 건 모른다.

이렇게 부채를 먼저 구매하다 보니 자산에 투자할 돈이 없다. 매달 은행 빚을 갚아야 한다. 그래서 우리는 하기 싫어도 계속 일을 해야 한다. 이런 이유 때문에 우리는 빚에 대해 안 좋은 감정이 많다. 단순히 '원수 같은 빚' 때문에 내가 평생 일해야 한다고 생각한다.

하지만 부채를 사는데 빚을 이용하지 않고, 자산을 사는데 이용한다면 고마운 존재가 된다. 위에서 말했듯이 자산의 특성은 내 주머니에 돈을 넣어 준다. 자산을 사면 수입이 생기고 부채를 사면 지출이 생긴다. 자산을 살 때 온전히 내 돈만을 이용하면 좋겠지만, 나 같은 평범한 월급쟁이들은 돈이 넉넉하지 않다. 부채를 이용해야 수익률을 극대화할 수 있다. 그래서 자산과 부채를 현명하게 이용해야 한다.

자산에서 들어오는 수입이 부채로 나가는 지출보다 크다면 빚을 이용해도 된다. 말이 어렵게 들릴지 모르겠지만, 사실 굉장히 간단하다. 쉽게 말하면, 월세가 이자보다 크면 된다는 말이다.

앞 2장에서 언급한 도봉구 창동의 첫 반지하 빌라 낙찰 사례로 예를 들어보자. 만약 내가 돈이 넉넉하여 부채 없이 부동산을 샀다고 생각해 보자. (p86 참조)

부채가 없는 경우는 월 35만 원의 수입이 생기고, 부채가 있는 경우는 월 25만 원의 수입이 생긴다. 부채가 없는 경우는 안정적일 수 있지만 수익률은 아래와 같이 현저히 낮다.

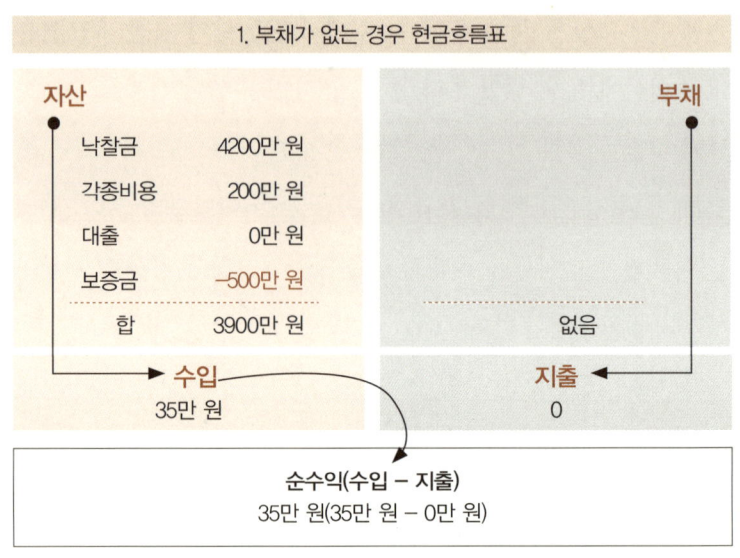

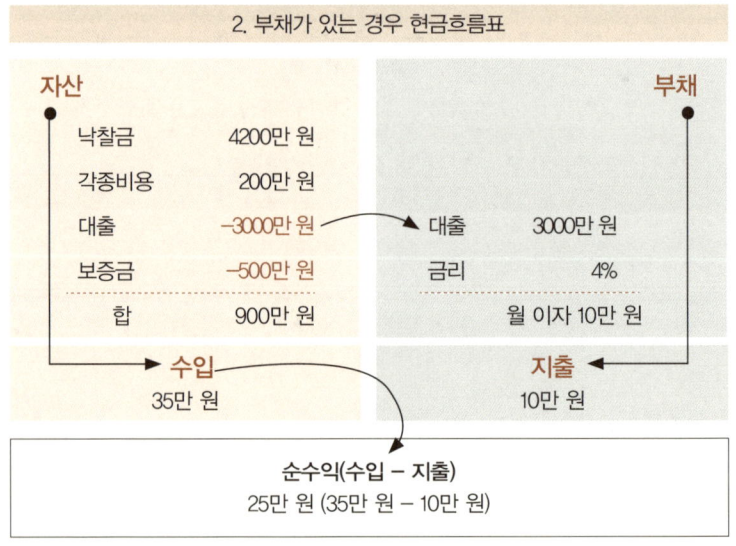

1. 부채가 없는 경우 수익률

$$\frac{420만\ 원(월\ 35만\ 원\ \times\ 12월)}{3900만\ 원(내가\ 사용한\ 돈)} \times 100\% = 약\ 10.77\%$$

2. 부채가 있는 경우 수익률

$$\frac{300만\ 원(월\ 25만\ 원\ \times\ 12월)}{900만\ 원(내가\ 사용한\ 돈)} \times 100\% = 약\ 33.33\%$$

부채를 활용하느냐 마느냐에 따라 수익률이 3배 이상 차이가 난다. 부채는 양날의 칼과 같지만 잘 이용한다면 지렛대와 같은 도움을 줄 수 있다. 자산을 사는데 부채를 이용하여 수익률을 극대화할 수 있다면 그건 좋은 빚이다.

요즘은 부동산 경기에 상관없이 경매시장은 활황이다. 그만큼 사람들이 경매에 관심도 많고 수업도 많이 듣는다. 하지만 비싼 수업료를 내고 입찰 한번 해보지 못하고 중간에 포기한 사람도 많다. 경매를 중간에 포기하는 사람은 권리분석의 지식이 짧거나, 부동산을 보는 눈이 없어서가 아니다. 빚을 내는 게 두려워서 포기한다. 집값의 많은 부분을 대출받는 게 부담일 수밖에 없다.

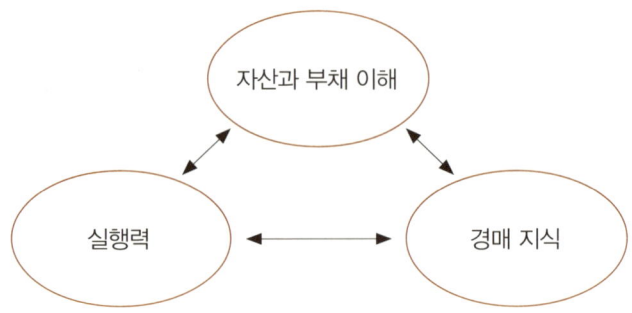

경매 투자에 성공을 하고 경제적 자유를 누리려면 위 3가지가 갖춰져야 한다. 자산과 부채의 이해, 실행력, 경매 지식의 삼박자가 맞아야 한다. 사람들은 부동산 경매를 시작할 때, 경매 관한 지식에만 너무 초점을 맞춘다. 매일 권리분석에 대한 공부와 배당표 짜는 연습을 한다. 강의나 책을 통해 경매지식을 얻은 후, 물건을 보러 임장을 떠난다.

분명히 실행력과 경매지식은 충분히 갖춘다. 하지만 물건이 마음에 들었는데 입찰장에 가야 하나 고민한다. 몇 십 년 일해야 벌수 있는 돈을 투자하고, 부채를 져야 하는 상황에서 불안해한다.

부동산 경매를 하는데 가장 중요한 건, 투자의 밑바탕이 되는 '자산과 부채의 이해'이다. 확실한 이해와 믿음이 없으면 입찰장에 가서 손이 떨린다. 내가 잘하는 짓인가 머뭇거린다.

어느 정도 경매를 공부했다면 차라리 자산과 부채에 대해 공부하는 게 낫다. 현금의 가치는 점차 떨어지고 있고, 현물가치는 계속 높아지고 있다는 걸 깨달으면 자신이 생긴다.

그리고 자산과 부채의 특성을 정확히 인식해야 한다. 학교에서 배웠던 것처럼 '저축은 좋고, 빚지는 건 나쁘다'라는 단순한 논리에서 벗어나야 한다. 생각해 보면, 그 말은 한 사람은 부자가 아니었을 것이다. 부자가 되려면 부자의 말을 듣고, 경제적 자유를 누리려면 누리고 있는 사람의 말을 들어야 한다. 부채를 사는 경우와 자산을 사는 경우를 확실히 구분한다면, 빚은 두렵지 않다. 그것은 당신의 투자에 가장 든든한 동반자가 된다.

인플레이션을 막는 타임머신 티켓을 끊어라

    2047년 9월 월요일 아침 7시, 회사에 출근하기 위해 눈을 떴다. 회사 출근길, 커피 전문점에 들러 베이글 한 개와 아메리카노 한 잔을 샀다. 커피는 10,000원이고, 베이글은 8000원이었다. 양손에 커피와 베이글을 들고 지하철을 탔다. 지하철 요금으로 3000원을 지불했다. 월요일이라 지하철에 사람이 많았다. 세월이 지나도 월요일 출근길은 사람이 붐빈다.
    회사의 오전 일과를 끝내고 직원들과 식사를 하러 갔다. 메뉴는 김치찌개와 계란말이, 점심값으로 각자 18,000원씩 지불했다. 식사 후에는 직원들과 회사 앞 새로 생긴 커피숍에서 테이크아웃 커피를 들고 하고 산책을 했다. 저렴한 커피숍이라 가격은 7000원

이었다. 퇴근하며 가족들과 먹으려고 치킨 한 마리를 사 갔다. 프라이드치킨은 한 마리에 40,000원이었다.

최근 물가는 많이 오르지 않았다. 지난 30년 동안 2.4%라는 비교적 안정적인 소비자물가 상승률이었다. 하지만 삶은 점점 더 팍팍하다. 30년 전에는 10년 동안 모아야지 서울에 아파트 한 채 장만하다는 말이 있었는데, 이제는 30년 모아도 서울에 집 한 채 사기 어려웠다. 물가는 꾸준히 오르지만, 내 월급은 꾸준히 오르지 않았다.

30년 후, 보통 월급쟁이의 생활을 그려봤다. 지나치다는 생각도 있겠지만, 지난 통계청의 소비자물가동향을 보면 2017년 8월의 소비자물가 상승률은 1년 전보다 2.6%가 상승했다. 매년 평균 2.6% 물가가 상승한다면 30년 후에는 지금 물가에 2배가 넘는다. 믿기 어렵다는 생각을 할 수 있으니, 반대로 20년 전으로 가보자. 과거를 보면 미래를 알 수 있다.

1997년	구분	2017년
400	시내버스	1200
400	지하철	1250
1000	택시	3000

[자료 | 서울시, 참고 | 기본요금 기준]

1997년	구분	2017년
3066	삼겹살	1만 3860
8500	치킨	1만 7000
2300	햄버거	4400

[자료 | 서울시, 참고 | 기본요금 기준]

20년 전과 비교하여 대중교통 요금은 거의 3배가 올랐고, 삼겹살은 4배, 치킨과 햄버거는 거의 2배가 올랐다.

1997년	구분	2017년
260	쓰레기봉투	484
900	담배	4000
9만 3089	학원비	18만 9739

[자료 | 서울시, 참고 | 기본요금 기준]

1997년	구분	2017년
400	새우깡	1200
200	빼빼로	1200
200	메로나	600

[자료 | 서울시, 참고 | 기본요금 기준]

  이 밖에도 생필품뿐만 아니라 주전부리 과자들도 2~6배가 올랐다. 이렇게 물가가 올라도 월급이 이만큼 올랐으면 상관없다. 하지만 고용노동부에 따르면 임금근로자의 월평균 임금은 1997년 146만 3000천 원에서 2017년 7월 236만 8000원으로 약 1.6배 오르는데 그쳤다고 한다. 물가가 오르는 속도가 월급이 오르는 속도보다 빠르다. 그래서 월급쟁이들은 살기가 어려워진다.

  또한, 이 말은 돈의 가치가 점점 떨어지고 있다는 말과 같다. 위 표를 이용하여 대표적인 서민 음식 '삼겹살'로 비교를 해보자. 20년 전에 먹은 삼겹살은 오늘날 먹은 삼겹살과 품질 차이는 없다. 돼지가 무엇을 먹고, 어디서 자랐는지에 따라 조금 차이가 있겠지만, 일반적으로는 비슷하다. 그렇다면 왜 20년 전에 3000원이면 먹을 수 있었던 삼겹살 1인분이 오늘날은 13,000원을 내야 먹을 수 있을까? 20년 전에 100만 원이면 삼겹살 약 333인분을 먹을 수 있었고, 오늘날은 약 77인분을 먹을 수 있다. 30년 후에는 38인분 정도 먹을 수 있을 것이다.

절대적으로 비교하긴 어렵지만, 이 말은 20년 전에 비해 100만 원의 가치가 떨어졌다는 말이고, 앞으로도 떨어질 것이라는 말이다. 즉 현금을 들고 있다면 손해를 본다는 말이다. 그래서 현금을 계속 모아 세금을 떼면 연간 1~2%도 이자를 주지 않는 은행에 저축하는 건 현명하지 않을 수 있다.

반대로, 나한테 부채가 100만 원이 있다고 생각해 보자. 물가가 꾸준히 오른다면 100만 원의 가치는 떨어진다. 20년 전에 100만 원을 갚는 것보다, 지금 100만 원을 갚는 게 유리하고, 이왕이면 30년 후에 갚는 건 더 유리하다. 물론, 빌린 사람에게 이자를 주지 않아야 성립할 수 있다.

다시 말하면, 물가상승으로 돈의 가치가 떨어지면 이전에 빌렸던 대출금 등을 빌릴 때보다 저렴한 돈으로 갚게 된다. 단 이자를 내지 않는다는 조건이 있어야 한다. 그런데 누군가가 이자를 내준다면 부채는 위험하지 않고 오히려 나에게 유리하다.

이 원리를 부동산 현금흐름 투자에 대입을 해보자. 내가 부동산을 사면서 은행에서 30년 할부로 대출을 받는다. 30년 동안 부동산의 원금과 이자를 갚는다. 그런데 이 비용은 내가 내지 않고 세입자가 낸다. 세입자에게 받은 월세로 원금과 이자를 내고도 내 생활비가 생긴다. 그래서 나는 부채를 이용해 부동산을 산다. 이것은 인플레이션을 막는 타임머신 티켓과 같다.

1997년 vs 2017년 물가 비교(단위 : 통일)

항목	품목	기준	1997년	2017년	동락률	임금상승률 대비
임금	임금근로자	월평균	146만 3000	236만 8000	61.9	▲
교통수단	휘발유	1L	769	1359	76.7	▲
	경유	1L	323	1141	253.3	▲
	시내버스	1人	400	1200	200	▽
	시외버스	서울-속초	1만 5000	1만 8100	20.7	▽
	지하철	1人	400	1250	212.5	▲
	택시	기본요금+1km	1500	3800	153.5	▲
	기차표	무궁화호 서울-부산	1만 6900	2만 8600	69.2	▲
	항공권	서울-부산	3만 6200	8만 7200	140.9	▲
생활	목욕요금	1人	2228	6615	196.9	▲
	담배	디스 기준	900	4000	344.4	▲
	쓰레기봉투	20L 기준	260	484	86.1	▲
	학원비	전국 2인이상 가구	9만 3089	18만 9793	103.9	▲
	대학등록금	4년제 대학 기준	407만	668만	64.1	▲
	휴지	뽀삐 10롤	3300	1만 2870	290	▲
	가계통신비	전국 2인 이상 가구	3만 8752	14만 4029	271.7	▲
음식	등심	한우 600g	1만 800	4만 8000	344.4	▲
	삼겹살	냉장 600g	3066	1만 3860	352.1	▲
	짜장면	1그릇	2500	5000	100	▲
	치킨	1마리	8500	1만 7000	100	▲
	맥주	카스 500ml 병	1190	1700	42.9	▽
	소주	360ml 병	750	1400	86.7	▲
	햄버거	맥도날드 빅맥	2300	4400	91.3	▲
	커피	스타벅스 아메리카노	3000	4100	36.7	▽
가정식	쌀	일반계(20kg) 상품	4만 536	3만 4793	-14.3	▽
	달걀	특란(30개) 중품	2690	7937	195.1	▲
	양파	(1kg) 상품	718	1926	168.2	▲
	대파	(1kg) 상품	1275	2461	93	▲
	시금치	(1kg) 상품	3505	5445	55.3	▽
	배추	봄(1포기) 상품	1630	2974	82.5	▲
	무	봄(1개) 상품	1173	1805	53.9	▽
	마늘	깐마늘(국산 1kg)	4235	9493	124.2	▲
	고등어	생선(1마리) 중품	1304	2916	123.6	▲
	오징어	1마리 중	1183	3393	186.8	▲
	멸치	100g 중품	1369	2577	88.2	▲
여가	영화	1人	6000	9000	50	▽
	당구	10분	500	1500	200	▲
	볼링	1시간(1人)	2500	4000	60	▽
	야구장	1人	5000	8000	60	▽
	놀이공원	입장료 1人	1만 8000	5만 2000	188.9	▲
	도서	신간 평균 정가 기준	9607	1만 8160	89	▲
	스키장	주간 리프트 이용권 기준	3만 8000	7만 6000	100	▲
과자류	새우깡	1봉지	400	1200	200	▲
	라면	1개(봉지면)	400	830	107.5	▲
	라면	1개(용기면)	400	900	125	▲
	빼빼로	1상자	200	1200	500	▲
	초코파이	1개	150	400	166.7	▲
	콜라	1캔	400	1400	250	▲
	사이다	1캔	400	1400	250	▲
	우유	1L	1350	2650	96.3	▲
	아이스크림	메로나	200	600	200	▲

「더스쿠프」 포스트 2017. 8. 15

부동산의 불편한 진실

맥도날드의 창업자 레이 크록은 가맹점을 확실히 장악할 수 있는 유일한 방법은 매장과 부지를 소유하는 길뿐이라고 철석같이 믿는다. 그는 이렇게 썼다.

"나는 우리가 여는 모든 맥도날드 지점을 확실하게 통제할 수 있는 길을 드디어 찾아냈다… 만약 맥도날드 가맹점의 점포 운영이 모든 면에서 맥도날드 본사의 기준에 맞지 않는다는 통보를 하면 이 계약은 30일 뒤에 취소된다는 구절을 계약서에 집어넣은 것이다. 그럼 칼자루는 우리 손에 넘어온다. 더 이상 어르고 사정하느라 시간 낭비할 필요가 없어진다. 직접 가서 협조해 달라고 애걸하는 대신 명령만 내리면 되는 것이다."

『소유의 종말』 p94, 제레미 리프킨, 민음사

부동산 투자에서 토지의 의미는 중요하다. 건물도 대지지분이 있으니, 토지의 성격과 비슷하다. 내가 반지하 빌라를 계속 늘려가면, 그에 따라 대출도 늘어난다. 앞에서 말한 것처럼 '자산'에 투자하고 수입이 지출보다 많다면 안전하다고 생각한다. 하지만 이것만으로는 뭔가 부족하다.

집을 늘리면서 대출을 계속 늘려가는 나를 보고, 사람들은 '위험을 무릅쓰고 대범하다'라는 말을 하지만, 나는 누구보다 안정성을 추구하는 보수적인 투자자이다. 잘 알지 못하고, 위험하면 행동하지 않는다. 하지만 자산을 구매하면서 대출을 늘리는 건 위험하지 않다는 결론을 내렸다. 그에 대한 근거는, 바로 '토지'이다.

조선시대에도 그랬고 유럽의 역사를 보더라도 토지는 아무나 소유할 수 없었다. 왕만이 소유할 수 있는 게 토지였고, 우리나라 양반과 서양의 귀족들 역시 왕에게 받아야만 소유할 수 있었다. 부동산은 영어로 Realestate이다. Real의 어원은 스페인어 'Royal(왕실)'에서 온 것이다. 즉, 왕실의 재산이란 뜻이다. 또한 임대인을 뜻하는 Landlord 역시 Land(땅)과 Lord(왕)이 합쳐져진 단어이다.

영국의 철학자 존 로크에 따르면 토지는 소유할 수 없는 '천부권'이라고 했다. 토지는 사람이 만들 수 없고, 시간이 지나도 영원히 변하지 않기 때문이다. 그래서 개인이 소유하면 안 된다고 말했다.

만약, 우리나라가 왕이 통치하는 군주제 국가이거나, 현 체제에서 모든 사람이 부동산을 소유하지 않는다면 나도 소유하지 않을 것이다. 부동산을 임대하는 게 노동이 들지 않는다는 말에 반대하지만, 분명히 불로소득이라는 요소가 들어 있다.

불로소득의 원천은 부동산의 토지에서 나온다. 시간이 지나면, 건물은 노후하지만 토지는 노후하지 않는다. 영원히 변하지 않는 왕실의 재산을 빚지고라도 소유할 수 있다면 거절할 이유가 없다. 나는 이러한 이유 때문에 부동산을 취득한다.

내 친구 중 P라는 친구가 있다. 이 친구는 부동산 임대에 대해 부정적인 생각을 갖고 있다. 그래서 그와 만나면, 서로의 생각이 달라 부딪칠 때가 많다. P의 말에 따르면, 진정한 돈의 가치는 땀을 흘려 벌어야만 가질 수 있다고 한다. 그래서 그는 부동산 투자는 하지 않는다.

이러한 의견에 분명히 동의한다. 세상 모든 사람이 이렇게 생각한다면 소득의 불균형은 많이 사라질 것이다. 하지만 누군가는 부동산으로 불로소득을 취하고 있다. 현재와 같은 경제 시스템에서 부동산을 취득하지 않으면 상대적으로 가난해질 수 있다.

한 예로, 2015년 신혼집으로 서울에 오래된 아파트를 샀다. 서울에서 제일 저렴한 아파트를 찾아 갖고 있는 돈은 모두 털어 장만했다. 신혼집 사면서 고민했던 이유는, 물론 대출 때문이었다.

하지만 대출의 금액이 문제가 아니었고, 기존에 내가 받은 대출들과 성격이 전혀 달라 고민했다. 기존 대출은 자산에 투자하여 현금흐름을 발생시킨 빚이었고, 신혼집 대출은 수입이 전혀 발생하지 않고 비용만 발생하는 빚이었다.

이런 대출을 무리하게 늘리는 상황에서 '잘한 일인가?'라는 고민이 많았다. 집값 상승은 생각하지 않았고, 단지 거주의 안정성만 보고 아파트를 샀다. 2년마다 전세금을 올려주거나 이사를 다니는 신경을 쓰고 싶지 않았다.

몇 년이 지난 지금, 그때를 돌아보면 그 선택은 정말 훌륭했다. 집값이 내가 산 가격의 절반 이상이 올랐기 때문이다. 같은 기간 동안 회사에서 내가 일해 번 돈보다, 신혼집이 더 많은 돈을 벌었다. 내 노동력보다 아파트의 가격 상승이 훌륭했다. 이렇게 생각하니 회사에서 열심히 일할 의욕이 나지 않았다. 누가 돈의 가치는 땀에서 나온다고 말했던가. 솔직히 말하면, 노동으로 번 돈보다 집값이 오르거나 로또에 당첨되어 번 돈이 더 좋다.

그렇다면, 이제 집값이 올랐으니 옆 동네 아파트로 이사를 간 후 차액을 챙길 수 있을까? 물론, 그렇게 하기 어렵다. 편차는 조금씩 있지만, 우리 집만 가격이 오른 게 아니고 대부분 서울 아파트가 다 올랐다. 우리 집 가격이 올랐으니, 값이 오른 만큼 부자가 된 걸까? 하지만 더 넓고, 더 깨끗한 아파트로 이사 가지 못하니 부자가 된 건 아닌 것 같다. 내 생활에는 변화가 없었다.

그렇다면 집을 가진 사람이 돈을 번 게 아니고, 오히려 집을 갖고 있지 않은 사람이 손해를 본 것이다. 집을 갖고 있는 사람은 단지 현상 유지를 한 것뿐이고, 집이 없는 사람이 가난해진 것이다. 그래서 집 없고 돈 없는 가난한 사람들은 더 가난해진다.

또 다른 친구 D는 서울의 한 번화가에서 치킨집을 하고 있다. 그는 하루 12시간, 한 달에 24일을 노동한다. 하루 30마리의 닭을 판매하고 한 마리당 4000원의 수입이 생긴다. 월수입은 300만 원인데 월 임대료는 120만 원이 나간다. 단지 건물 주인이라는 이유로, 일하지 않은 건물 주인에게 120만 원을 지불해야 하는 게 뭔가 불편하다. 만약 이 가게에 임대료가 없었다면, 내 친구는 훨씬 더 여유롭게 살아갈 수 있을 것이다.

이런 문제를 미국의 경제학자 헨리 조지는 20세기 초에 『진보와 빈곤』이라는 책에서 고발했다. 20세기 성경 다음으로 많이 팔린 이 책은 시간이 지날수록 인류의 문명은 발전하여 진보하지만, 소득 격차는 점점 벌어져 빈곤해지는 원인을 찾는다.

헨리 조지는 이러한 이유를 토지 사유제에서 찾았다. 새로운 도시를 개발하여 사람들이 몰린다. 5년 후, 누가 돈을 벌었을까 관찰했더니 열심히 일하는 노동자가 아니고 땅주인밖에 없었다고 한다. 사람들이 몰려들수록 지주가 돈을 번다. 어떤 곳에 장사가 잘되서 1000원에 팔던 물건을 1500원으로 올리면 지대도 그대로 오른다. 이런 문제를 해결하기 위해 모든 세금은 폐지하고, 오직 토지의 소유에만 세금을 내는 토지 단일세를 주장했고 많은 사람들의 지지를 받았다. 그의 묘비에는 이렇게 적혀 있다.

'내가 분명히 하고자 노력해 온 그 진리는 쉽게 받아들여지지는 않을 것이다. 그것이 가능했다면 오래전에 받아들여졌을 것이다. 그것이 가능했다면 결코 숨겨져 있지 않을 것이다. 그러나 그것을 동지들이 발견할 것이다.'

일하지 않은 사람은 소득을 얻지 않는 게 맞다. 부동산 임대료 또한 노동이 아닌 부동산이 만들어낸 수입이니, 불로소득이라고 할 수 있다. 하지만 자본주의 안에서는 부동산을 통해 임대료를 받는 일 역시 정당한 수입이다.

불로소득에 대해 무조건 반대하기보다는 '이런 시스템 안에서 부자가 되기 위해서는 어떤 선택을 해야 할까?'라고 끊임없이 고민했다. 남들이 가만히 앉아 빚은 위험한 것이라고 행동하지 않을 때, 나는 위험을 무릅쓰고 부동산을 샀다. 회사일이 끝나면 부동산을 보러 다니고, 휴일에는 집 수리를 했다. 서울 시내를 누구보다 발로 많이 뛰어다녔다. 이렇게 '부동산 임대료'란 수입은 내가 가만히 입을 벌리고 있는데, 누군가가 떠먹여 준 게 아니다. 위험을 무릅쓰고, 남보다 부지런히 행동해서 얻은 것이다.

나는 부동산 옹호론자도 아니고 부정론자도 아니다. 그저 월급쟁이로서 반지하 빌라를 하나씩 사 모으며 부동산 투자를 하나씩 배워가는 게 즐거운 사람이다. 우리나라 부동산 정책이 임대소득을 허용하는 한, 나는 부동산 경매를 계속할 것이다.

부동산이 나에게 준 3가지

우연이란 존재하지 않는다. 만일 무언가를 간절히 필요로 하는 자가 자신에게 필요한 것을 발견하게 된다면, 그것은 우연에 의해 얻게 된 것이 아니라 스스로, 자신의 욕구와 필연성이 우연을 초래한 것이다.

『데미안』 p138, 헤르만 헤세, 현대문학

처음부터 알고서 시작하진 않았다. 반지하 빌라를 계속 구매하다 보니, 그 부동산은 나에게 많은 것을 주었다. 그것은 분명히 내가 간절히 원하던 것이었다.

1. 안정성

반지하는 내 삶에 안정성을 주었다. 안정이라는 말은 안전과 다르다. 안전한 삶이 아니고 안정적인 삶을 주었다.

한국은행의 설립 목표에 대해 알고 있는가? 바로 '물가 안정'이다. 계속 오르는 물가를 낮추는 노력을 하는 곳도 아니고, 경제 활성화에 힘쓰는 곳도 아니다. 한국은행은 급격한 변화를 본능적으로 두려워하는 인간의 심리에 안정을 주기 위한 곳이다. 오늘 먹은 1000원짜리 라면이 내일 2000원으로 오르면, 사람들은 또 오를지도 모른다는 두려움에 사재기를 한다. 반대로 갑자기 500원이 된다면, 사람들은 내일 또 떨어질 거라는 생각에 소비를 미룰 것이고 국가 경제는 혼란에 빠진다. 이런 상황을 예방하기 위해 한국은행은 통화를 조절하여 급격한 물가 인상과 인하를 막는 역할을 한다.

한국은행이 소비자 물가에 안정을 주었다면, 반지하 빌라는 내 불안한 근로소득에 안정을 주었다. 내가 다녔던 회사처럼 월급이 밀리거나 회사가 망할 위기가 아니더라도, 평생 동안 일할 수 있는 회사는 많지 않다.

100세 시대를 살고 있지만, 고용은 점차 불안해진다. 몇 해 전 삼성경제 연구원이 인터넷 회원 2433명에게 설문조사를 한 결과를 보면 희망퇴직 연령은 1위가 65세이지만, 실제 기업의 평균 정년은 55세가 가장 많았다. 또 취업포털 잡코리아가 601명의 직장인을 대상으로 '체감 정년퇴직 연령'을 조사한 결과 평균 연령은 48.8세로 나타났고 조사자 10명 중 7명은 회사에서 '언제 잘릴지 모른다'고 답했다.

사오정(45세가 정년), 오육도(56세까지 회사에 남아 있으면 도둑), 삼팔선(38세면 회사에 남을지를 선택해야 한다)과 같은 끔찍한 말들이 사회에 만연하다. 언제 나를 버릴지 모를 회사만 믿지 말고 부동산 투자를 하라. 그것은 당신의 삶에 안정성을 줄 것이다.

2. 평생 수입

반지하 빌라는 나에게 한 번의 투자로 평생의 수입을 주었다. 80~90년대 회사는 한 번 입사하면 끝까지 책임져 주었다. 사장은 '아버지', 동료들은 '형제' 같이 생각하고 한평생 같이 하는 '가족' 같았다. 하지만 지금은 그렇지 않다. 가족은 식구를 버리지 않지만 회사는 결국 직원을 버린다. 그래서 나는 회사에게 정이 가지 않는다.

사기업에서 이런 욕구를 충족시켜 주지 못해 공무원에 사람들이 몰린다. 정년보장과 노후보장 연금은 대다수 구직자들은 매력을 느꼈다. 공무원 채용 인원은 계속 늘고 있지만, 연금수령자는 더 빠른 속도로 늘고 있다. 과연 지금 공무원이 된다면 30년 후에 연금을 받을 수 있을지 모르겠다. 연금저축과 보험에 눈을 돌려봐도 믿음직스럽지 않다.

얼마 전, 내가 갖고 있는 한 반지하의 빌라 주민들이 모여서 건축업체에게 팔자는 의견이 나왔다. 2년 전, 6500만 원에 낙찰받았는데 업체에 판다면 최소 2.5배는 받을 수 있었다. '2.5배를 받느냐, 3배를 받느냐'로 빌라 대표와 건축업체가 계속 가격 협상 중이다. 언제 팔릴지는 모른다. 팔려도 좋고, 팔리지 않아도 상관없다.

비싼 가격에 팔리면 좋은 일이지만, 파는 순간 현금흐름 수입도 끊긴다. 한편으로는 '황금알을 낳는 거위의 배를 가르는 일'은 아닌지 걱정을 했다. 그 반지하 빌라는 낡고 허름하지만, 매달 32만 원씩 꼬박꼬박 나에게 생활비를 준다. 한번 투자로 지속적인 수입을 준다. 나중에 시간이 지나 건물의 수명이 다 하면 부동산의 '대지 지분'이 나설 차례이다. 그때 토지를 건축업체에 팔면 된다. 내 부동산들은 어떤 직장보다 믿음직스럽고, 어떤 보험보다 든든하다.

3. 경제적 자유

현금흐름에 투자한 부동산이 모이면 인생에 가장 값진 것을 선물해 준다. 그것은 '경제적 자유'이다. 경제적 자유는 '일하지 않고, 돈에 신경 쓰지 않고, 평생 놀고먹을 수 있다'는 뜻은 아니다. 전보다 '덜 일하고, 덜 스트레스받고 살 수 있다'는 뜻이다.

'23채의 부동산을 회사를 다니면서 관리가 가능하냐?'는 말을 주변 사람에게 많이 듣는다. 물론 가능하다. 부동산 현금흐름 투자의 큰 장점은 수입 대비 노동시간이 짧다. 즉 내가 조금만 일해도 내 부동산이 더 많은 일을 한다. 불로소득이라고 비난하는 사람도 많이 있지만, 임대업은 절대 노동 없이 소득을 얻는 일은 아니다. 단지 노동시간 대비 수입의 효율이 좋을 뿐이다.

회사에 일하고 있으면, 세입자에게 연락이 온다. 집 안에 누수가 발생했으니, 빨리 해결해 달라고 한다. 하지만 내가 직접 갈 필요는 없다. 간다고 해결할 수도 없다. 나는 인터넷에서 주변 수리업체를 검색하여 사람만 불러주고 비용을 지불하면 된다.

처음 업체를 알아볼 때는 부르는 게 값이라 3~4곳 정도 알아보고 수리를 해주는 게 좋다. 전화 몇 통으로 몇 만 원을 절약할 수 있다. 그리고 믿을 만한 업체라는 생각이 들면, 이후에 다른 업체를 알아보는 수고를 안 해도 된다.

문제가 생기면, 나는 항상 이용하는 업체에 전화를 한다. 그러면 업체 사장님이 알아서 처리해 주신다. 나는 서울 북부지역과 서부지역에 각각 배관업체 사장님 두 분을 수도관리 담당자를 임명했고, 서울과 수도권 지역에 한 명의 도배 사장님을 담당자로 임명했다. 물론 그 사장님들은 본인이 담당자인지 모른다.

또 다른 세입자가 집에 곰팡이가 생겼다고 연락이 온다. 이 문제도 당장 갈 필요가 없다. 1분, 1초가 급한 일은 아니다. 나는 스마트폰으로 사진을 찍어 보내 달라 하고, 주말에 해결해 준다고 말한다. 시중에 기능 좋은 항곰팡이 페인트가 많다. 주말에 직접 페인트를 칠해 주거나, 세입자가 직접 칠할 의향이 있다면 주문만 해주면 된다. 그래도 해결되지 않으면 단열벽지로 도배를 해준다. 곰팡이는 주로 건물 외벽과의 온도 차이 때문에 생기는 경우가 많다. 그래서 단열벽지만으로도 문제는 거의 해결된다. 또한, 단열 벽지는 스티커 형식으로 되어 있어 전문가가 아니더라도 시공하기 쉽다.

이렇게 집 관리하는 건 생각보다 시간이 많이 들지는 않고, 내가 직접 나설 필요가 없다. 그래서 집의 수가 많아도 회사를 다니면서 관리가 가능하다.

부동산을 이용해서 지속적으로 현금흐름 투자를 한다면, 시간이 지나 회사를 그만둘 시기가 찾아온다. 그러면 소중한 시간을 가족들에게 더 쓸 수 있다. 그리고 나 자신에게 가장 많은 시간을 쓸 수 있다. 내가 하고 싶은 꿈을 찾아갈 수 있다. 돈 때문에 할 수 없었던 내 꿈을 행동으로 옮길 수 있다. 1년에 몇 달은 여행을 하면서 살아도 된다. 연극배우가 되고 싶다거나, 글을 쓰고 싶다거나, 당신이 경제적인 이유 때문에 미뤄놨던 꿈을 당장 시작할 수 있다.

부동산 정책과 투자

　회사를 다닐 때 이직의 기회가 있었다. 이직하려는 회사는 급여조건도 훨씬 좋았고, 직원들을 위한 복지도 좋았다. 반대로 당시 내가 다니던 회사는 경영 상태가 계속 좋지 않았고, 직원들의 월급은 몇 달째 주지 않았다.

　하지만 나는 고민했다. 밀린 월급은 언젠가는 나올 것이고, 당시 우리 회사의 분위기는 자유로웠다. 그래서 경매와 회사를 병행하는데 최적의 조건이었다. 종이 가운데에 줄을 긋고, 한쪽에는 옮겼을 때 장점을 쓰고, 반대편에는 단점을 써 봤다. 결국 옮기지 않는 편에 장점이 더 많다고 결론을 내리고 계속 남기로 했다.

결정을 내린 후 얼마 지나지 않아 우리 회사는 다른 회사에 팔렸고, 밀렸던 월급도 다 받았다. 새로운 사장은 어려운 시기를 잘 버텨줘서 고맙다며 직원들에게 상여금까지 줬다. 만약에 회사를 옮겼다면, 땅을 치고 후회할 뻔했다. 그 당시 내 선택은 현명했다.

하지만 1년 동안 회사의 상황을 파악한 새로운 사장은 본색을 드러냈다. 회사의 경영 악화를 자유롭게 행동하는 직원들의 핑계로 삼았다. 여러 가지 이유를 대며 직원들의 수당과 급여를 깎았다. 결국 월급은 원래보다 줄었고, 직원들 행동을 규제하여 회사는 감옥같이 답답했다. 그렇다면 회사를 옮겼어야 했다. 1년 전 내 선택은 어리석었다.

부동산 정책과 투자도 이와 마찬가지다. 나에게 지금 좋은 일이 시간이 지나면 나쁜 일이 될 수 있고, 그 반대도 될 수 있다. 다행히 '답은 지금 알 수 없다'는 것이다. 지금 당신이 이 책을 읽고 있는 상황에도 부동산 정책은 바뀌고 있다. 지금 상황에 맞춰 부동산을 샀다면 과연 잘한 일일까? 지금 당장은 현명한 선택일 수 있다. 하지만 5년, 10년 후에도 역시 현명한 선택일까? 그건 아무도 모른다. 정책은 정권마다 바뀌고, 시장 상황에 맞춰 계속 바뀐다. 매달, 매해 바뀌기 때문에 어떤 장단에 맞춰야 할지 알 수 없다.

내가 부동산 경매를 시작했던 2012년은 부동산 침체기였다. 경매 물건은 시장에 쏟아져 나왔고, 부동산 규제도 심했다. 각종 부동산 관련 세금도 지금보다 비쌌고, 은행 금리도 높았다. 꽁꽁 얼어붙은 시장에 어느 누구도 부동산 투자를 권하지 않았다. 하지만 과거를 돌아보면, 수익률이 좋은 부동산은 모두 그 당시에 낙찰받았던 부동산들이다.

반대로, 부동산 경기가 좋았던 2016년은 입찰하는 곳마다 사람이 몰려 패찰했다. 어렵게 받은 물건도 수익률이 그때만 못하다. 부동산 과열 조짐을 보이자 정부는 역사상 가장 강력한 부동산 대책을 내놓았다. 각종 세금을 높이고 은행 대출 규제를 강화했다. 하지만 이러한 규제는 집값 상승을 막는 역할은 하지만, 근본적인 대책은 되지 못한다.

그렇다면 앞으로 어떻게 해야 하는가? 현재의 부동산 정책을 보지 말고, 부동산이 처해 있는 상황을 관찰해 봐야 한다. 주택을 '투자'로 보지 말고, '주거 공간'이라는 면으로 바라보자. 그리고 정부가 원하는 일을 해주면 된다. 그러면 정부는 내게 도움을 줄 것이다.

정부가 안고 있는 문제를 생각해 보자. 투기 세력들의 자금이 부동산에 몰려 서울과 대도시들의 집값이 올라간다. 이에 따라 주변 위성도시들 역시 집값이 올라간다. 그러면 집 없는 중산층과 가난한 사람들이 원성을 높아진다.

정부는 집값을 잡으려고 세금을 올리고, 대출을 규제한다. 그렇다고 집주인들이 가격을 내려서 팔까? 돈이 급한 몇 명은 팔겠지만, 대부분은 손해를 보고 팔지 않을 것이다. 입장을 바꿔서 당신이 3억 원에 산 집을 2억 원에 팔겠는가? 죽어도 팔지 않을 것이다. 비싼 이자를 내더라도 대부분은 버틸 것이다.

그래서 정부는 고민한다. 각종 규제를 해도 집값은 떨어지지 않는다. 단지 이런 정책들은 가격이 오르는 걸 막는 역할을 할 뿐이다. 공급은 제한적이지만, 수요는 꾸준하게 증가한다. 이는 한쪽을 막고 반대쪽에서 바람을 불어 넣고 있는 고무 튜브와 같다. 바람을 계속 불어 넣으면 결국 튜브는 터지고 만다.

노무현 정부 때 만든 강력한 부동산 규제들로 가격 상승을 막고 있던 부동산은 임기가 끝나자 폭등했다. 이렇게 정책으로 막는데도 한계가 있다. 정책으로 안 되자, 정부는 신규주택을 많

신 주택보급률 (단위 : 1000호, 1000가구, %)

구분		2015년
전국	가구수	19,111
	주택수	19,559
	신 주택보급률	102.3
서울	가구수	3,785
	주택수	3,633
	신 주택보급률	96

출처: 국토교통부

이 공급하려 한다. 국토교통부가 2017년 초에 발표한 지역별 신주택 보급률을 보면 2015년 전국은 102.3%이지만, 서울지역은 96.0%이다.

    전국에서 주택보급률이 가장 낮은 도시가 서울이다. 서울은 아직 주택수가 부족하다. 서울에 신규주택을 공급하려 하지만 공급할 수 있는 땅이 없다. 그린벨트를 풀어 저소득층을 위한 공공임대주택을 공급하려고 한다. 하지만 집값이 떨어진다는 이유로 주민들이 반대해서 그것마저 어렵다. 정부는 이러지도 못하고 고민이 많나. 서렴한 신규 주택을 공급하고 싶어도 형평성의 문제로 할 수 없다. 그래서 정부가 눈을 돌린 곳은 임대 시장이다.

자가점유 비율 (단위 : 호, %)

	2015년		
	총가구	자가점유	자가점유 비율(%)
전국 계	19,111,731	10,849,993	56.8
수도권	9,215,197	4,503,521	48.9
서울	3,785,433	1,595,013	42.1
부산	1,335,983	818,659	61.3
대구	928,548	545,056	58.7
인천	1,045,459	614,093	58.7
광주	567,271	349,384	61.6
대전	582,653	313,530	53.8
울산	423,402	265,656	62.7

출처: 국토교통부

우리나라의 전체 자가 점유는 56.8%로, 나머지 43.2%는 임대가 담당하고 있다. 전국 주택수의 약 절반을 조금 못 미치는 숫자가 임대주택이다. 이 중에 공공임대가 차지하는 숫자는 1,937,685호(국토교통부 2015년 임대주택 재고)로 전체 주택시장에 약 10%밖에 차지하지 못한다. 또한 2014년 SH공사의 자료에 따르면 서울 공공임대주택 비율은 6.4%로 더욱 낮다. 이렇게 임대사업에서 공공이 담당하고 있는 부분은 작다.

통계가 말하는 것은 서울은 인구 대비 살 집이 부족하고, 자기 집에 거주하는 비율이 전국에서 가장 낮다. 집 없는 사람이 가장 많은 도시이다. 그래서 현재 부족한 공공임대주택이나 신규 민간주택을 집 없는 사람들에게 싸게 공급해 주어야 하는데, 여건이 여의치 않다.

집값은 마음대로 내릴 수 없고, 임대주택 공급도 충분히 할 수 없다. 그래서 정부는 임대주택 시장에 90% 이상을 차지하고 있는 민간에게 도움을 요청할 수밖에 없다.

정부는 임대 사업을 하는 기업과 개인을 환영하며 세제 혜택을 준다. 임대요건을 만족하면, 양도소득세도 면제 또는 할인을 해주고, 재산세도 감면해 준다. 임대 사업을 한다고 하면 대출도 개인보다 유리하고, 임대를 위한 노후 주택을 수리한다면 수리 비용을 지원해 주거나, 저렴하게 빌려주는 지자체도 많다.

나는 향후 부동산 정책에 대해 정확히 알 수 없다. 부동산 전문가들은 정확히 알까? 그들도 그저 예측일 뿐이다. 하지만 현 부동산 시장에서 정부가 고민하고 있는 부분을 통계로 확인하면 불확실한 미래의 안개가 조금씩 걷힌다. 현재의 부동산 정책에 따라 '일희일비'하지 말고, 현 주거 상황을 보라. 그러면 미래의 부동산 정책이 보인다. 앞으로는 매매차익을 통한 자본이득에 혜택을 주는 정책이 아니고, 현금흐름을 통한 임대시장에 혜택을 주는 정책으로 갈 것이다.

은행은 어떻게 내게
23건 대출을 해주었나?

내가 집을 23채 갖고 있다고 하면 사람들이 묻는다.

"부자인가 봐요. 집이 잘사나요?"

"아니요. 아파트 같은 화려한 집은 아니에요. 대부분 낡은 반지하 빌라예요"라고 답한다.

"그래도 월급만 모아서 그게 가능한가요?"

"은행에서 대출받았어요"라고 답한다. (물론 대출 외 나머지는 열심히 모은 돈이다.)

"어떻게 다 대출을 해주죠?"라고 질문한다.

은행은 부동산을 좋아한다. 안전한 담보를 제공하면 내 소득을 따져 일정한 담보 비율로 대출을 해준다. 개인이 대출받을 때는 부동산이 늘수록 대출이 늘고, 이자도 늘어난다. 그래서 소득이 일정한 개인은 대출에 한계가 있다. 그래서 경매로 낙찰을 받아도 계속 대출을 받지 못하는 경우가 있다.

하지만 나는 현금흐름에 투자하기 때문에 빚이 늘수록 소득 역시 늘어난다. 그래서 은행은 내게 대출을 해준다. 나만 특별대우를 해준 것은 아니다.

부동산 경매에서 가장 큰 동반자는 대출이다. 대출이라는 레버리지를 이용할 때 수익률을 극대화할 수 있다. 경매 대출은 '경락잔금대출'이라고 부르는데, 대부분의 은행이 취급하고 있으나, 모든 지점이 상품을 갖고 있지는 않다. 또한 같은 은행이라도 지점마다 금리와 대출 조건이 다르다. 그래서 입찰 전에 내가 얼마 대출을 받을 수 있는지 미리 확인해야 한다. 경락잔금대출은 인터넷에서 알아보는 것보다 경매 입찰 당일, 해당 법원 입찰장 주변에 계시는 대출 중계인들에게 의뢰하면 좋은 조건의 대출을 알아볼 수 있다. 처음 법원에 간다고 해도, '그분들을 못 찾으면 어떻게 할까?' 하는 걱정은 하지 않아도 된다. 경매사건의 낙찰자가 되어 입찰장을 빠져나가면, 전화번호를 알아내기 위해 대출 중계인들은 낙찰자 주변으로 몰려오신다. 그분들에게 입찰할 물건의 사건에 대해 문의하면, 좋은 조건의 대출에 대해 자세히 설명해 준다.

대출은 양날의 칼처럼 무분별하게 이용하면 위험하다. 소비를 위한 '나쁜 빚'이 아닌, '좋은 빚'을 내고, 대출의 긍정적인 부분을 봐야 한다. 요즘같이 근로소득의 증가 속도가 부동산 상승을 속도를 따라가지 못할 때는 대출을 받아 부동산에 투자하는 게 현명할 수 있다.

정부는 매년 부동산 시장 상황에 따라 정책을 내놓는다. 당신이 이 책을 읽고 있을 때, 부동산 시장 상황이 어떤지 잘 모르겠지만, 부동산 시장은 일정한 주기로 반복되니 정부의 부동산 정책에 신경을 곤두세울 필요는 없다.

최근 정부의 부동산 대책은 시장을 많이 위축시키는 결과를 가져올 것이다. 시장이 위축됐다는 말은 곧 경쟁자가 덜 하다는 말이다. 이 또한 좋은 기회로 만들 수 있다. 대출 금액이 적고, 금리가 오르면 그만큼 싸게 입찰하면 된다. 대출의 큰 틀만 이해하고 간다면 투자에 흔들리지 않을 것이다.

금융시장의 특징은 용어를 어렵게 보이게 치장을 잘한다. LTV, DTI나 최근에 생긴 DSR, 신DTI는 무엇을 말하는지 생소하다. 영어가 나오면 일단 어렵다고 생각하는데, 약자를 풀어서 써보면 이해하기 쉽다. 은행은 돈을 빌려줄 때, 2가지를 판단한다.

한 가지는 '얼마나 빌려 줘야 하나?'이고, 한 가지는 '빌려준 돈을 갚을 수 있을까?'를 보는데, 전자의 기준이 'LTV'이고 후자의 기준이 'DTI, DSR, 신DTI'이다.

얼마나 빌려 줘야 하나의 기준 → LTV
빌려준 돈을 갚을 수 있을까를 보는 기준 → DTI, DSR, 신DTI

> **LTV**
> Loan To Value ratio의 약자. Loan은 '대출'이고, Value는 '가치' 이다.
> 부동산 가치를 보고 대출을 해준다는 뜻이다.

LTV가 70%라는 말은 1억 원 가치의 부동산에 7000만 원 대출을 해준다는 뜻이다. 많은 사람들은 '내가 거래하는 가격의 70%'에 나온다고 착각을 한다. 하지만 실제 대출은 금융기관에서 인정하는 '국토교통부 실거래 공개시스템'이나 'KB부동산' 시세 조회를 통해 일반 평균가가 기준이 된다. 그런데 문제는 이 가격정보 시스템은 보통 내가 거래하는 가격보다 낮다는 것이다. 그래서 일반 부동산 매매의 대출은 내 생각보다 적게 나온다.

하지만 부동산 경매에서는 조금 다르다. 위 가격정보 시스템이 기준이 아니고, 경매감정가를 기준으로 대출을 해준다. 경매감정가는 조금 높게 평가되는 경향이 있어 대출을 받을 때 유리하다.

부동산 매매의 대출 기준 가격

→ 국토교통부 실거래 공개시스템이나 KB부동산 시세의 일반 평균가(내가 거래하는 가격보다 낮은 경향이 있음)

부동산 경매의 대출 기준 가격

→ 경매감정가(시세보다 조금 높게 평가되는 경향이 있음)

이와 같이 일반 매매 시장보다 부동산 경매에서 대출이 유리한 이유는, 대출 기준가격이 다르기 때문이다. 은행에서 적용하는 LTV 비율은 지역과 시기에 따라 달라지는 것일 뿐, 일반 매매시장과 부동산 경매시장에 적용하는 LTV 비율은 같다.

예를 들어, LTV가 70%인 지역에서 매매가 3억 원이 아파트를 일반 매매시장에서 거래하여 대출을 받는다면, 은행에서는 국토교통부 실거래 공개 시스템이나 KB 부동산 시세의 일반 평균가를 확인한다. 보통 이런 경우 일반 평균가는 2억 6000만 원 정도 된다. 그래서 2억 6000만 원 × 70% = 1억 8200만 원 대출이 가능하다.

경매시장에서 3억 원에 감정평가한 같은 아파트를 3억 원에 낙찰받아 대출을 받는다면, 은행에서는 가격정보 시스템을 기준가로 삼지 않고, 법원에서 감정평가한 3억 원을 기준으로 대출을 해준다. 3억 원 × 70% = 2억 1000만 원 대출이 가능하다.

예전에는, 매매가 3억 원인 아파트를 리스크가 있는 경매 시장에서 3억 원에 받는 사람이 이해가 되지 않았다. 하지만 그 사람은 정신 나간 사람이 아니었고, 경매가 대출을 훨씬 많이 받을 수 있기 때문이었다.

지상층과 반지하 빌라도 경매시장에서 사는 게 훨씬 유리하다. 아파트는 평형이 일률적이고, 거래도 많아 가격정보 시스템이 현재 가격을 그나마 잘 반영해 준다. 하지만 빌라는 건물마다 특징이 달라 가격기준이 명확하지 않다. 그래서 일반매매 시장에서 은행은 건물 가치를 보수적으로 낮게 평가하여 대출 금액에 훨씬 불리하다. 하지만 경매시장은 감정평가를 통해 시세를 현실적으로 반영하여 대출 받기도 유리하다.

DTI
Debt To Income의 약자. Debt은 '빚'이고 Income은 '소득'이다. 소득을 보고 빚을 준다는 뜻이다.

예를 들어 DTI가 60%이고, 내 연봉이 3000만 원이라면 연간 원금과 이자를 합쳐 1800만 원 이하라면 대출을 해준다는 말이다.

만약 3000만 원 연봉을 받는 월급쟁이가 3억짜리 아파트를 사는데, LTV는 70%이고, DTI는 60%라고 생각해보자. 3억 원×70%(LTV)=2억 1000만 원이다. 이 돈을 금리 3.5%, 30년 분할 상환으로 빌렸다면 1년에 이 월급쟁이가 갚아야 할 돈은

원금 : 2억 1000만 원÷30년 =	연간 700만 원
이자 : 2억 1000만 원×3.5% =	연간 735만 원
합	연간 1435만 원

원금과 이자를 더하면 연간 비용 1435만 원이다. 매년 원금을 갚으면 이자도 줄겠지만, 대략적으로 1435만 원을 매년 갚는다.

그 다음 은행은 DTI를 보고 이 정도 금액을 빌려줘도 되는지 확인한다. 연봉이 3000만 원이니, 3000만 원×60%(DTI)=1800만 원이다. 매년 갚는 돈(1450만 원) < DTI(1800만 원)이 되어, 신용등급에 문제가 없다면 은행은 이 월급쟁이에게 대출해준다. 반대로, 매년 갚는 돈 > DTI비율, 이렇게 된다면 은행에서는 대출해 주지 않거나, 연봉비율에 맞는 금액으로 낮춰 대출을 해준다.

이러한 원리로 은행은 대출해 준다. 그런데 보통 월급쟁이는 소득이 일정하기 때문에 DTI에 막혀 계속 대출을 받는데 문제가 있다. 하지만 나는 자산을 사면서 '좋은 빚'을 계속 늘린다. 그래서 집이 늘어날수록 대출도 늘지만, 수입도 늘어 대출을 계속 받을 수 있다.

그렇다면 DSR과 신DTI은 무엇일까? 이 역시 은행은 '갚을 수 있나?'를 확인하기 위한 수단이다. 만약 대출이 주택담보 대출 1건밖에 없다면 DTI, DSR, 신DTI는 차이가 없다. 하지만 담보 대출이 2건 이상이고, 기타 대출이 있다면 차이가 발생한다.

> **DSR**
>
> Debt Service Ratio의 약자. Debt는 '빚'이고 Service는 여러 가지 뜻이 있는데 여기서는 '이자를 갚다'라는 뜻이다. '총 빚을 갚는다'는 뜻이다. 내 모든 대출에 원금과 이자를 갚는다고 생각했을 때, 연간 소득 대비 연간 지출하는 원금과 이자 비율이다.

다음 표를 보면 이해하기가 쉬울 것이다.

DTI	본건 주택 대출 원금과 이자	+ 다른 주택 대출 이자	+ 기타 대출 이자
DSR	본건 주택 대출 원금과 이자	+ 다른 주택 대출 원금과 이자	+ 기타 대출 원금과 이자
신DTI	본건 주택 대출 원금과 이자	+ 다른 주택 대출 원금과 이자	+ 기타 대출 이자

정부는 '갚을 수 있을까?'를 판단하기에 DTI만으로는 부족했다. 다중 부채, 특히 한 사람이 여러 건의 주택담보 대출을 받는 사례가 꾸준히 늘고 있어, 이를 억제해야 했다. 그래서 선진국형 DSR을 도입하려 했지만, 여러 가지 문제가 있었다. 그중에서 우리나라밖에 없는 '전세자금 대출' 때문에 국제사회의 잣대인 DSR을 산정하는데 문제가 있었다.

만약, 전세자금 대출이 있는 세입자가 내 집 장만을 위해 주택

담보 대출을 신청했다고 생각해 보자. 세입자가 전세자금 대출을 받으면 2년 동안 이자만 낸다. 전세계약이 종료되면, 은행은 원금을 집주인에게서 회수한다. 전세자금 대출의 원금은 대출받는 세입자와 상관없는 돈이다.

하지만 DSR로 부채를 산정하면, 전세자금 대출을 세입자가 2년에 나눠 원금까지 갚는다고 산정한다. 그래서 다른 선진국들에 비해 DSR 비율이 높게 나온다. 한국에만 있는 특이한 전세제도로 인해, 국제사회에서 금융 신뢰도는 떨어질 수 있다.

그래서 주택담보 대출에만 원금과 이자를 산정한 신DTI가 나왔고, 은행은 당분간 이 제도로 '갚을 수 있을까?'를 판단하여 대출해 줄 것이다.

이 비율은 지역마다 다르고, 시기마다 다르다. 최근 가계 부채가 1400조 원을 넘어 정부는 지역마다 LTV와 DTI 비율을 낮춘 가계부채 종합대책을 내놓았다. 이로 인해 가계부채 증가는 확실히 막을 것으로 기대한다. 천문학적인 가계부채는 당연히 줄여야 한다. 그런데 이런 대책은 부동산 투자자들에게도 악영향을 끼친다. 대출을 조금 받으면, 투자 속도도 느려지고, 수익률도 떨어진다.

그렇다면 부동산 불황기에는 어떻게 진행해야 할까? 사실 큰 고민할 필요 없다. 대출이 조금 나오면 조금 받고, 이자 부담을 줄이면 된다. 얼마를 빌리든, 언젠가는 갚아야 할 돈이기 때문이다.

　그리고 임대사업자를 활용하여 일반 가계대출이 아닌, 사업자로 대출을 받는다면 LTV에서 훨씬 유리하다. 임대사업자 대출도 과하다는 문제가 언론에 언급되지만, 개인대출에 비해서 규제를 강화하지는 않을 것이다. 앞의 '부동산 정책과 투자'에서 언급한 것처럼 정부가 안고 있는 문제의 해결책이 민간 임대주택 시장의 도움이기 때문에, 임대사업자 대출까지 강력하게 손보긴 어려울 것이다. 당신이 하고자 하는 마음이 있다면 부동산 정책이나 은행의 대출규제는 문제가 되지 않는다.

지금 투자하고
행동하라

실전 반지하 경매 노하우

20년 후 당신은,

했던 일보다 하지 않았던 일로 인해

더 실망할 것이다.

• 마크 트웨인 •

얼마를 써야 할까?

항상 법원 입찰장에 가기까지 고민한다. 도대체 얼마를 써야 할까? 사람은 몇 명 들어올까? 나 혼자 들어와서 높은 가격에 받는 게 아닌지 불안하다. 혹시라도 내가 물건을 잘못 파악해서 손해가 나면 어쩌나 하는 걱정이다. 6년 정도 경매를 하고 있지만, 시간이 지나도 걱정은 매번 같다.

몇 달 전 서민이 부자가 된 사례를 소개하는 텔레비전 프로그램에서 경매의 고수가 나왔다. 그 경매 고수는 매일 법원에 출근하듯 경매 입찰장에 간다고 이야기했다. 그 얘기를 듣고 많이 공감했던 기억이 난다. 그렇게 출근하듯 매일 입찰하여 수십 번의 패찰 끝에 한 건을 낙찰받는다는 것이다. 나는 회사원이었기 때문에 매일 법원에 가지는 못하지만, 입찰은 1~2주에 한 번씩 꾸준히 했다. 내가 못 가면 아내가 갔고, 아내가 못 가면 아버지께 대리 입찰을 부탁한다.

> 지는 데 능숙한 사람은 머지않아 이기는 사람이 될 것이다. 지는 것을 무서워하면 저항에 힘을 실어줄 수 있으며, 자신은 승리할 가치가 없다는 자책감에 젖게 만들 수 있으며, 어두운 영혼의 구석으로 숨어들게 만들지도 모른다.
>
> 『린치핀』 p171~172, 세스 고딘, 21세기북스

내 입찰 방법은 패찰 전략이다. 최저가로 계속 입찰해서 될 때까지 하는 것이다. 기우제를 지내는 마음으로 항상 최저가로 입찰하는 것이다. 이 기우제는 비가 내릴 때까지 지내기 때문에 성공률은 100%이다. 사람들은 대부분 지는 걸 두려워한다. 하지만 경매에서는 지는 게 당연한 거다. 하나의 물건을 두고 세상 사람들과 나와 경쟁을 하는데 이길 확률이 얼마나 있겠나? 당연히 지고 온다고 생각하고 마음을 비우면 언젠가는 이기는 날이 온다.

그리고 나는 부동산 전문가가 아니기 때문에 혹시라도 실수할 수 있다. (사실 전문가들도 실수는 할 수 있고, 그들 말이 100% 맞는 것도 아니다.) 특히 노후 반지하 빌라는 누수와 곰팡이에 지상층 보다 취약하기 때문에 예상치 못한 수리비용이 발생할 수 있다. 그

래서 그 비용을 생각하여 최저가로 쓴다. 또 경매의 장점은 싸게 사는 것인데, 싸게 사지 못하면 매력이 없다. 낙찰이 목표가 아니고 수익이 목표기 때문에 최저가로 입찰한다.

이렇게 몇 주 동안 계속 입찰하면 운 좋게 하나씩 걸리는 것이다. 지역마다 최저가 하락 폭은 다른데 서울은 한 번 유찰될 때마다 이전 최저가 대비 20%씩 입찰가격이 떨어진다. 예를 들어 1억짜리 물건이 최초 신건으로 나오면 최저가는 당연히 1억이다. 1억 이상으로 입찰가를 적어 내면 된다. 입찰자가 아무도 없으면, 다음 매각기일에 1억에 20%를 뺀 8000만 원이 최저가이다. 이때도 아무도 입찰하지 않는다면, 다음은 8000만 원에서 20%를 뺀 6400만 원, 감정가 대비 64%이다. 그다음 3번이 되면 감정가 대비 52%가 된다.

서울 경매물건 유찰 저감율

신건	1억	
1회 유찰 최저가	8000만 원	↓20% 저감
2회 유찰 최저가	6400만 원	↓20% 저감
3회 유찰 최저가	5200만 원	↓20% 저감
…	…	↓20% 저감

나는 2회 유찰, 64%에 최저가로 입찰한다. 왜냐하면, 이해가 되지 않는 경우가 종종 발생하기 때문이다. 과거 사건들을 검색해 보면, 분명히 최저가는 52%인데 64% 이상으로 받아 가는 경

우가 가끔 있다.

감정가 1억 원의 물건이 3번 유찰되면 최저가가 5200만 원이 된다. 그러면 입찰가를 생각할 때, 가격 폭은 5200~6400만 원으로 생각한다. 이건 당연한 이유다. 6400만 원 이상으로 쓰려면 이전 매각기일에 낙찰받아 가면 되기 때문이다. 그러나 최저가가 5200만 원인데 6400만 원 이상으로 받아 가는 경우가 생각보다 많다. 상식적으로 이해가 되지 않지만, 이렇게 판을 깨는 경우가 발생하기 때문에 나는 2회 유찰, 64%에 최저가로 입찰한다.

위와 같은 일이 벌어지는 이유는 감정가 대비 52%로 떨어지면, 사람들의 관심이 많아진다. 누가 봐도 싸다는 생각이 들면 많은 사람들이 조회하고 관심이 갖는다. 우연히 발견한 이 물건을 임장을 했는데 생각보다 좋은 점들을 많이 찾는다면 3회 유찰 물건이라도 2회 유찰 최저가를 넘어서 입찰하는 경우가 많다.

이런 물건을 시쳇말로 '흘린 물건'이라고 하는데, 모든 입찰자가 모든 물건을 항상 주시하고 있지 못하기 때문이다. 그리고 입찰하려고 가던 도중 차가 밀려 도착을 못한다거나, 보증금을 바꾸려 했는데 은행에 사람이 너무 많다거나 하는 일 때문에 항상 변수가 많다. 이런 게 부동산 경매의 묘미라고 할 수 있다. 특히 이런 일은 사람들의 긴장이 풀어지는 여름 휴가철이나, 추석과 설 같은 연휴가 긴 명절 전후로 자주 발생한다. 사람들과 반대로 생각하고 움직인다면 낙찰 확률을 높이고, 물건도 싸게 받을 수 있다.

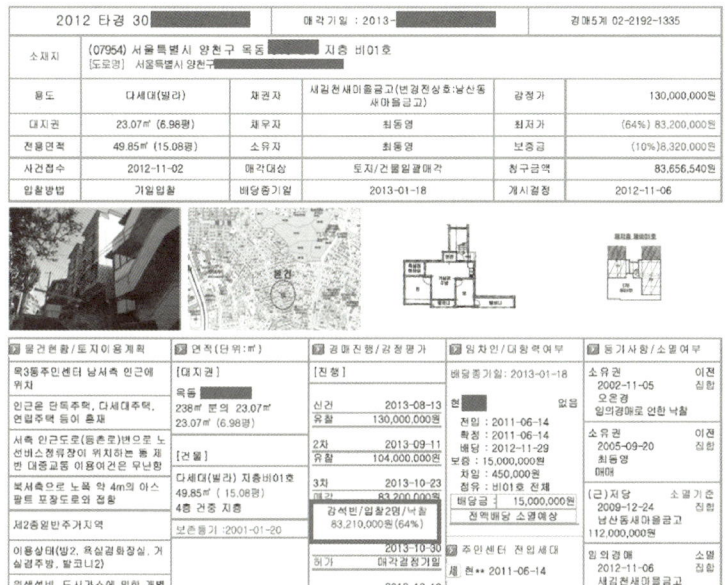

출처:스피드옥션

몇 년 전 낙찰받은 서울 양천구 목동의 반지하 빌라 사례를 소개한다. 극적으로 낙찰을 받아 기억에 남는 물건이다. 항상 최저가로 입찰하던 나는, 그날따라 조금 더 쓰고 싶은 마음에 최저가에 1만 원을 더 적어 제출했다. 이 물건은 비교적 최근 건물이고, 관리도 잘한 건물이기 때문에 사람들이 많이 들어올 거라 생각했다. 당연히 패찰할 거라는 생각에 욕심을 버리고 입찰했다. 법원에서는 입찰을 마감했고, 개찰 전 몇 명이 입찰에 참여했는지 불러줬다. 나는 최저가에 단돈 1만 원 추가로 적었기 때문에 낙찰받으려면 입찰자는 나밖에 없어야 한다.

혹시나 하고 단독 입찰을 기대했으나, "2012타경 30×××사건은 2명이 입찰에 참여했습니다"라고 말했다. 입찰한 사람이 적었지만 나보다 낮게 쓰기는 어렵다고 생각했다. 그런데 "낙찰자는 서울에 사시는 반지상 씨입니다"라고 말하는 것이 아닌가. 갑자기 가슴이 쿵쾅쿵쾅 뛰었다. 전혀 기대가 없었던 물건이었는데, 이렇게 저렴하게 낙찰받을지 몰랐다. 경쟁 입찰자는 최저가로 적었던 것이다.

그분은 얼마나 후회하셨을까. 조금 미안했지만, 단 돈 1만 원 차이로 승패가 갈릴 수도 있는 게 경매의 묘미이다. 물론 자주 있는 기회는 아니지만 꾸준히 최저가로 입찰했기 때문에, 내 노력을 하늘이 알아 준거라 생각한다. 이 사례를 책에 넣으려고 검색을 하다가 들어간 한 카페에서는 나를 '경매의 신'이라고 부르며 낙찰자를 궁금해했다고 한다. 이처럼 꾸준히 노력하면 하늘은 알아봐 준다. 그리고 노력에 대한 선물을 내려준다.

만약 반지하 빌라가 아니고 지상층 빌라나 아파트의 '흘린 물건'을 노린다면 1회 유찰, 80%에서 최저가로 계속 입찰하다 보면 저렴하게 낙찰받을 수 있는 기회를 가질 수 있다. 그런데 내가 이렇게 하지 않는 이유는 지상층 빌라와 아파트는 반지하보다 사람들이 관심을 많이 갖고 있어 낙찰받을 수 있는 확률도 작다.

또 '왜 반지하를 주목했나'(p101 참조)에서 말한 것처럼 80%선에서 낙찰받아도 현금흐름 수익률이 반지하만큼 크지 않다. 물론 지상층이 2회 유찰, 64%로 떨어지면 당연히 입찰한다. 64%를 쉽게 말했지만, 요즘과 같은 부동산 시장에서는 반지하 빌라도 2회 유찰, 최저가로 받는 것은 쉽지 않다. 하지만 낙숫물이 바위를 뚫는 것처럼, 계속 입찰하면 언젠가는 낙찰받을 수 있다.

재경매 물건으로
수익률을 무한대로

　퇴근 후 경매물건을 검색하던 중 눈에 띄는 물건이 있었다. 겉보기에 너무 깔끔한 반지하 빌라였지만, 3번 유찰이 되어 감정가 1억 5000만 원에 최저가는 7680만 원이었다. '왜 이렇게 많이 떨어졌을까?' 확인해 보니, 이전에 어떤 사람이 낙찰을 받았으나 잔금을 납부하지 않은 경우였다. 심각한 문제가 있는 물건이라고 생각하고, 다른 물건을 찾아보았다.

　하지만 너무 가격이 낮아 관심이 갔다. 만약 문제가 생겨 조금 인수하는 돈이 있더라도 낮은 가격으로 입찰하면 괜찮다고 생각했다. 물건 권리관계를 분석해 보았으나 별다른 문제는 보이지 않았다. 그렇다면 전 낙찰자는 '왜 잔금을 납부하지 않았을까?'가 중요한 문제였다. 여러 관련 서적을 찾아보니, 잔금 미납에는 3가지 이유가 있었다.

1. 권리분석을 잘못한 경우

이 물건은 권리상 문제가 없는 기본적인 권리관계의 물건이었다. 은행의 근저당이 말소기준권리[1]였고 후순위로 전입해 있는 한 명의 세입자가 있었다. 후순위 세입자[2]였지만, 낙찰금에 따라 일부 또는 전부를 배당받는 세입자였다. 즉 권리상에 문제도 없고, 세입자도 배당을 받는 내가 좋아하는 물건이었다.

2. 시세보다 지나치게 높게 낙찰받았을 경우

부동산 시세를 잘못 파악하고 입찰하여 입찰보증금을 포기하는 경우가 많다. 부동산 입찰하기 전에 가장 중요한 것은 '얼마에 쓸 것인가?'이다. 입찰서를 제출하기 전까지 고민하는 것이 입찰 금액이다. 그렇다면 주변 부동산이나 인터넷에 나와 있는 물건

---

[1] 말소기준권리: 낙찰자에게 인수되는 권리와 낙찰로 인해 말소되는 권리를 구분한다. 인수와 말소의 '기준선'이라고 생각하면 된다. 권리관계상 말소기준권리 앞에 있으면 낙찰자가 인수하고, 뒤에 있으면 소멸되어 낙찰자에게 영향을 주지 않는다.

[2] 후순위 세입자: 말소기준권리 이후에 전입 신고한 세입자. 대항력이 없어 낙찰자에게 권리상 영향을 주지 않는다.

의 시세를 조사하는 게 필수다. 주변 부동산에서 임대시세를 알아본다. 반지하 빌라의 매매시세는 그렇게 중요하지 않다. 반지하 빌라는 일반 부동산과 다르다. 아파트나 지상층 빌라처럼 거래가 활발하지 않다. 만약 시세가 7000만 원인 반지하 빌라를 싸게 낙찰받아 5000만 원에 받았다고 생각해 보자. 과연 이 빌라를 시장에 내놓으면 바로 7000만 원에 팔 수 있을까? 팔기가 생각보다 쉽지 않을 것이다. 부동산 매매시세를 알아보고 입찰하는 것은 시세차익을 노릴 때, 즉 자본이득을 보고 투자를 할 때 필요한 것이다. 나는 매매 시세보다 임대 수익률을 더 중요하게 보고 투자한다. 그렇다면 중요한 것은 매매시세가 아니고 임대시세이다. 임대시세를 최대한 보수적으로 생각하고 수익률이 25%가 넘는다면 입찰한다. (이때 시세를 보수적으로 생각한다는 말은 1000/40짜리 빌라는 생각하지 못한 문제를 고려하여 1000/35정도까지 생각하고 수익률을 계산한다.)

3. 돈이 부족하여 잔금을 납부하지 못한 경우

입찰자들이 경매 잔금 대출을 구하지 못해 미납하는 사례가 가장 많다. 물론 대출을 받지 않고 부동산을 취득하는 것이 가장 안전한 방법이다. 하지만 은행 대출이 없으면 투자 수익률도 급격히 낮아지고 투자의 지속성에도 문제가 생긴다. 따라서 은행은 가장 중요한 동반자라고 할 수 있다. 신용에 문제가 없고 일정한

소득이 있는 근로소득자라면 부동산 대출을 받는데 문제는 없을 것이다. 하지만 대출조건은 시기마다 바뀌니 입찰 전 꼼꼼히 확인하여 물건에 대한 대출금액과 금리를 꼭 알고 입찰해야 한다.

이 3가지 경우를 고려해 봤을 때 전 낙찰자가 잔금을 미납한 이유는 세 번째 이유라고 생각했다. 입찰에 나서면서도 마음은 편치 않았지만, 재경매 물건의 경우 다른 입찰자들도 분명히 마음이 불안할 것이라 생각하고 입찰가는 조금 낮춰 썼다. 입찰가는 최저가에서 약 800만 원을 더 적어 8400만 원을 제출하였고, 약 400만 원의 차이로 최고가 매수인이 되었다.

생각했던 것처럼 권리관계에 문제가 없어 세입자는 전부 배당을 받았다. 시세보다 낮게 낙찰받았고 대출도 낙찰금에 80%를 받을 수 있었다. 배당을 전부 받은 세입자였기 때문에 명도하는 과정도 어렵지 않았고, 이 부동산은 몇 달 뒤 보증금 2500만 원에 월세 40만 원에 임대했다.

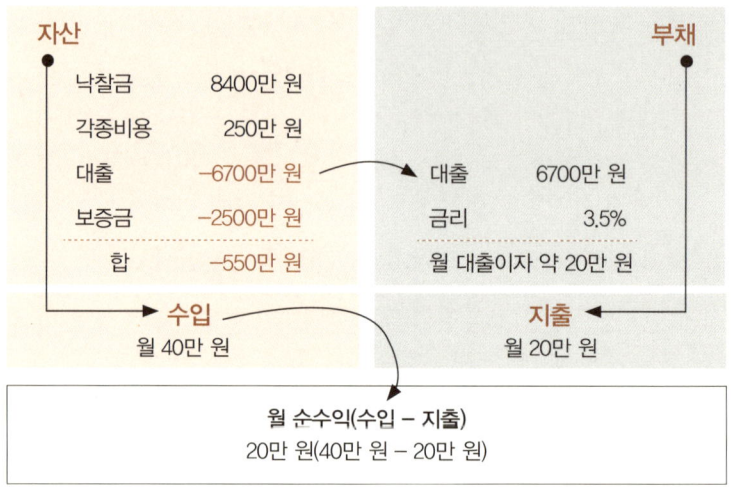

현금흐름 표를 만들어 보면 위와 같다. 자산은 수입을 만들고, 부채는 지출을 만든다. 자산이 매달 40만 원의 수입을 만들고, 부채가 매달 20만 원의 지출을 만든다. 그러면 한 달 순수익은 20만 원이다.

$$\frac{월\ 수익\ 20만\ 원 \times 12(1년)}{내가\ 사용한\ 돈\ 없음\ (오히려\ 550만\ 원이\ 더\ 생김)} \times 100\% = \infty$$

이 물건은 보증금이 상대적으로 많아, 임대를 하고 나니 돈이 하나도 들지 않았다. 그래서 무한대 수익률을 만들 수 있었다. 수익률은 연간 수익 대비 투자한 돈인데 내가 투자한 돈이 없으니 계산할 수 없다. 내 돈은 전혀 들이지 않고 한 달 수익 20만 원을 달성했다. 오히려 550만 원이란 투자금이 더 생겼다. 이런 투자는 감히 말하지만 부동산밖에 이룰 수 없다.

생각해보면 재경매 사건은 두려워할 필요가 없다. 신건도 '잔금 미납의 3가지 이유'로 재경매 사건이 될 가능성이 있다. 재경매 사건은 단지 다른 사람이 먼저 낙찰받았다는 사실밖에 없다.

다른 사람이 낙찰받아 포기한 물건을 내가 낙찰받았다면 순조롭게 진행했을 수도 있다. 반대로 다른 사람이 낙찰받아 문제없는 부동산을 내가 낙찰받아 잔금을 납부하지 못해 재경매 사건이 될 수 있다. 다시 말해, 재경매 사건은 신건과 같다. 오히려 '재경매'라는 딱지가 붙으면 사람들이 꺼려 하기 때문에 경쟁력 있는 투자 물건이 될 수 있다.

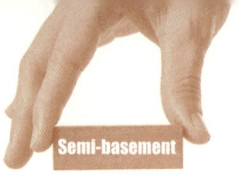

반지하 빌라 VS 오피스텔 원룸

얼마 전, 친한 친구를 만났는데 그 친구는 마침 숲속을 오랫동안 산책하고 돌아온 참이었습니다. 나는 무엇을 보았느냐고 물었습니다. "별거 없어." 내가 그런 대답에 익숙해지지 않았다면 절대 그럴 리가 없다고 생각했겠지만, 나는 이미 오래전부터 눈이 멀쩡한 사람들도 실제로는 보는 게 별로 없다는 사실을 잘 알고 있답니다. 어떻게 한 시간 동안이나 숲속을 거닐면서도 눈에 띄는 것을 하나도 보지 못할 수가 있을까요? 나는 앞을 볼 수 없기에 다만 촉감으로만 흥미로운 일들을 수 백 가지나 찾아낼 수 있는데 말입니다.

『사흘만 볼 수 있다면』 p22, 헬렌 켈러, 산해

보통 사람들은 눈으로 부동산을 판단한다. 하지만 눈으로는 모든 것을 알 수 없다. 직접 가서 걸어 보고, 느껴 보고, 숨 쉬어 봐야 알 수 있다. 눈으로 볼 때 화려한 대표적인 부동산이 있다. 바로 임대 부동산 대표, 오피스텔 원룸이라고 할 수 있다. 여러 대중매체에서나 부동산 전문가들은 오피스텔 원룸의 높은 임대 수익률과 관리의 편리성을 내세우며 투자를 권한다. 그리고 겉으로 봤을 때도, 허름한 빌라보다는 화려한 외형과 풀옵션을 갖춘 신축 오피스텔 원룸이 관심을 끌기 좋다.

하지만 서울 낡은 반지하 빌라를 투자대상으로 광고하는 경우는 본 적 없다. 반지하 빌라는 광고를 하지 않고, 부동산 전문가도 권하지 않으니 사람들이 주목하지 않는다. 그래서 싸게 받을 수 있어 높은 수익률을 거둘 수 있다. 솔직한 마음은 평생 광고를 하지 않았으면 하고 아무도 주목하지 않았으면 한다.

화려한 얼굴 뒤에 감춰진 진짜 모습을 알리기 위해, 오피스텔 원룸과 반지하 빌라를 비교해 보기로 했다. 두 종류의 부동산을 비교한 이유는 소액 투자가 가능한 1억 원 미만의 비슷한 가격대이기 때문이다.

'보기 좋음'에 이끌려 성남 태평역 근처에 한 원룸을 낙찰받았다. 이번 물건은 내가 보유하고 있는 물건 중 최초로 반지하가 아니고 1층이었다. 필로티 주차장이 있어서 밖에서 바라볼 때는 2층으로 보였다. 매번 낡은 반지하 빌라만 보다가 깔끔한 외관에 주차장까지 있으니 욕심이 났다. 감정가는 1억 2600만 원이었고, 깔끔한 외관 때문에 사람들이 입찰을 많이 할 것 같아 원래 생각했던 가격보다 몇 백만 원을 더 적었다. 낙찰은 7500만 원에 받았다. 그런데 생각보다 입찰한 사람이 적었고, 2등과의 격차도 700만 원이나 났다. 마음이 불안하긴 했지만, 감정가 대비 낙찰률은 약 60%로 훌륭한 성적이라고 생각했다.

하지만 낙찰의 기쁨도 잠시, 불안했던 문제가 발생했다. 대출을 확인해 보니 오피스텔은 상가로 분류되어 일반 주택 잔금 대줄보다 금리도 높았고 금액도 적었다. 또한 취득세도 낙찰가의 1.1%가 아닌 4.6%였다. 생각하지 못한 지출이었다. 다행히 예비 비용이 조금 있어 잔금을 납부할 수 있었지만, 충분히 미리 확인할 수 있었는데 하지 못했다. 어렵게 잔금을 납부한 후 새로운 세입자를 보증금 1000만 원에 월세 40만 원으로 구할 수 있었다.

현금흐름를 작성해보면 자산이 만든 월세는 40만 원이고, 부채가 만든 대출 이자는 16만 원이다. 그러면 한 달 순수익은 24만 원이다.

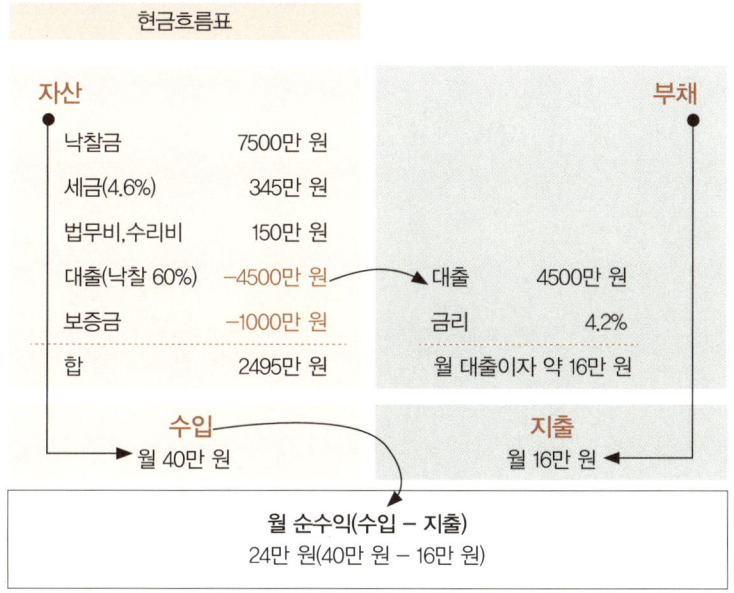

수익률을 계산해 보면

$$\frac{월\ 수익\ 24만\ 원 \times 12(1년)}{내가\ 사용한\ 돈\ 2495만\ 원} \times 100\% = 약\ 11.54\%$$

일반적인 투자수익률이 11.54%라면 무난한 수익률이라 생각할 수 있지만, 다른 투자 물건과 비교했을 때 현저히 낮은 수익률이었다. 단순 비교는 어렵겠지만 만약 이 부동산이 일반 주거시설이었다면 수익률은 차이가 있었을 것이다.

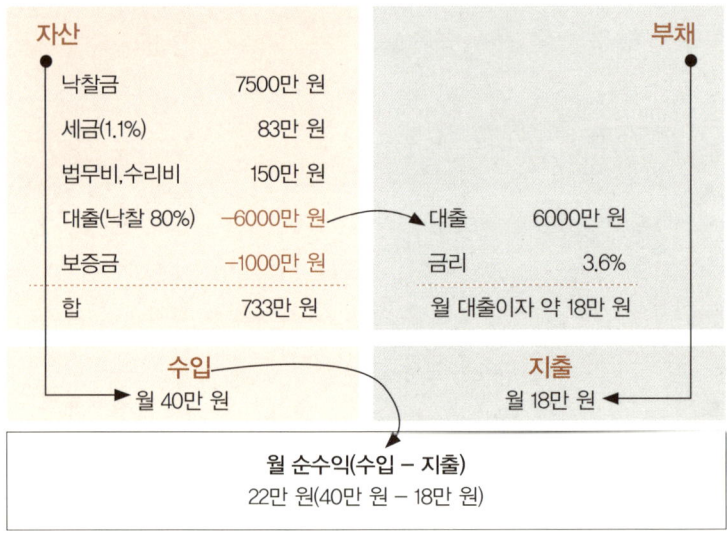

자산이 만든 월세 40만 원에서 부채가 만든 이자 18만 원을 빼면 한 달 순수익은 22만 원이다. 수익률을 계산해 보면

$$\frac{\text{월 수익 22만 원} \times 12(1년)}{\text{내가 사용한 돈 733만 원}} \times 100\% = 약\ 36.02\%$$

부동산의 분류가 주거시설인지 오피스텔인지에 따라 약 24%포인트(36.02% - 11.54%)의 수익률 차이가 발생했다. 오피스텔의 세금은 비쌌고, 대출은 상대적으로 불리했다. 대출과 세금을 미리 알고 입찰가를 낮춰 썼다면 수익률은 만회할 수 있었을 것이다.

그런데 몇 년간 오피스텔 원룸을 임대하다 보니 단점은 몇 가지 더 있었다. 세입자의 거주 목적이 다르다는 것이다. 반지하 빌라의 경우 방이 2개, 3개인 일반적인 주거시설이다. 그래서 3~4인 가족이 사는 경우가 많아 주로 2년 이상 거주한다.

하지만 오피스텔 원룸의 세입자들은 주로 혼자 사는 젊은 월급쟁이가 많았다. 그들은 월 소득이 꾸준히 있기 때문에 월세를 밀릴 걱정이 덜 하지만, 오래 거주하지 않는다. 회사일로 임시 거주하는 경우가 많기 때문에 보통 1년, 길어도 2년을 넘기는 세입자는 없었다. 세입자의 이동이 잦다면

1. 부동산 비용이 많이 발생한다.

복비, 도배, 장판, 청소비 등 세입자가 이사 갈 때마다 많은 비용이 발생한다.

2. 공실률이 높아진다.

바로 세입자를 구하면 좋겠지만 그렇지 못할 경우도 많다. 세입자가 바뀌는 만큼 공실 위험률은 높아질 수밖에 없다. 공실률이 높아지면 당연히 수익률도 떨어진다.

3. 풀옵션의 함정

대부분 원룸은 풀옵션인 경우가 많다. 즉 세탁기, 냉장고, 에

에컨 등은 시간이 지나면 수리가 필요하다. 자주는 아니지만 3~4년에 한 번씩은 돌아가면서 고장 난다. 그러면 또 비용이 발생한다.

임대인이 좋아하는 세입자는 물론 월세를 밀리지 않는 세입자이다. 하지만 세입자에게 보증금을 받기 때문에 월세가 밀리는 일은 그전에 조치할 수 있다. 가장 좋은 세입자는 오래 사는 세입자이다. 높은 월세를 받는 부동산보다 낮은 월세지만 4년, 10년, 그 이상 거주하는 세입자가 더 좋다.

위와 같은 이유로 오피스텔 원룸은 더 이상 입찰하지 않기로 했다. 가격대가 비슷하다면 나는 반지하 빌라가 훨씬 낫다고 생각한다. 그래도 오피스텔 원룸에 관심이 생기는 독자들은 위와 같은 사항을 꼭 기억하고 입찰에 참여하길 권한다.

경매는 머리가 아니고 발로 하는 것

　부동산 경매로 부자가 되는 방법은 마법을 부리거나, 나만의 비밀, 입찰 비법 같은 건 존재하지 않는다. 그저 매일 아침 눈을 뜨면 그전에 마음에 두고, 미리 살폈던 물건에 입찰하기 위해 법원으로 출발하면 된다. '오늘 물건은 사람들이 많이 몰려서 내가 생각한 가격에는 낙찰받기 어려울 거야', '오늘은 대리 입찰을 해줄 사람이 없으니, 어쩔 수 없이 못 가는 거야'라고 생각하고 입찰하지 않으면, 꼭 생각보다 낮은 가격에 누군가가 내가 점찍어 놓은 물건을 받아 간다. 경매는 생각처럼 되지 않는다. 내가 게으름을 부리는 순간 기다렸다는 듯이 누군가에게 내 행운을 넘겨준다.

철저히 물건 분석을 하고, 약간 높은 금액을 써서 '이번에는 무조건 될 거야' 생각하고 입찰한다. 하지만 낙찰의 기회는 쉽게 나에게 오지 않는다. 반대로 '이번에는 누가 봐도 훌륭한 물건이니 굉장히 높게 받아 갈 거야'라고 생각하고 입찰하지 않으면, 누군가 최저가로 받아 간다. 항상 결과는 내 예상과 다르다. 그리고 깨닫는다. 경매는 머리로 하는 게 아니고 발로 하는 거다. 생각하지 말고 법원으로 향해야만 낙찰의 여신이 어느 날 나에게 기회를 준다.

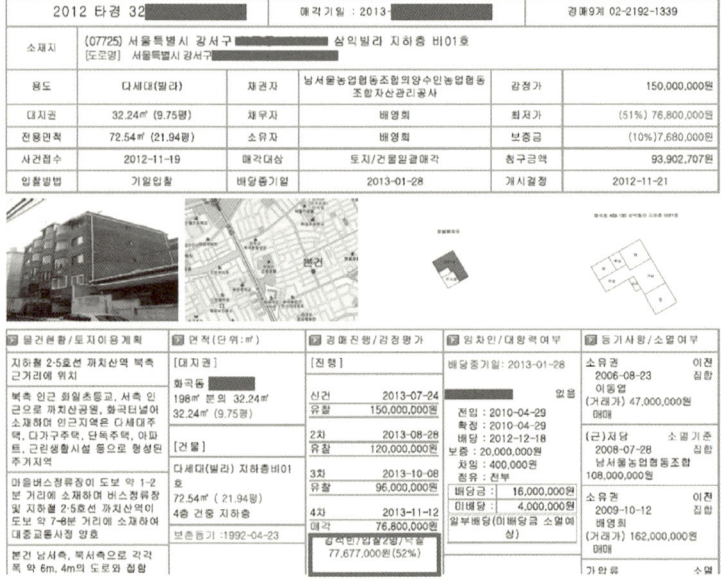

출처:스피드옥션

상당히 재미있었던 사례를 소개한다. 감정가 대비 52%로 떨어져 있어 너무 저렴한 물건이었다. 이 물건은 3차, 9600만 원이 최저가였을 때 입찰하려 했지만, 감정가가 조금 높았던 것 같아 한 번 더 유찰을 기다려서 받은 물건이다. 낙찰받고 싶은 욕심이 났지만, 당시 투자금이 부족하여 최저가에 내 행운의 숫자 877,000원 더 붙여 77,677,000원에 입찰했다.

사실 이 금액에 서울에 전용 21.94평짜리 반지하 빌라를 받는다는 건 말도 안 된다. 하지만 입찰하는데 의의를 두고 기다려 보았다. 입찰 마감 후 법원에서는 입찰 인원을 불러줬다. 2명이었다. 생각보다 너무 적은 입찰자였지만, '행운이 따르겠어?'라고 생각하며 집에 돌아갈 준비를 했다. 그런데 이게 웬일인가. 또 내가 낙찰이 됐다.

어처구니없게도, 2등으로 입찰한 사람은 6900만 원을 썼다. 입찰 최저가가 7680만 원이었는데, 최저가보다 밑으로 금액을 제출한 것이다. 그래서 법원은 경쟁 입찰자를 무효 처리했고, 내가 낙찰자가 됐다.

어리둥절했지만, 기분 좋은 일이었다. 너무 궁금해서 경쟁 입찰자에게 조심스럽게 말을 걸었다. 알고 보니 그분께서는 원래 9600만 원을 쓰려 했는데, 긴장을 해서 실수로 6900만 원을 썼다는 것이었다. 6과 9를 바꿔 쓴 것이었다. 그러면서 축하한다고 말해 주셨다.

만약, 이 물건에 내가 입찰하지 않았다고 가정해 보자. 다음번 매각 기일에 20%가 떨어져서 최저가 6144만 원이 되었다면, 과연 내가 같은 가격에 받을 수 있었을까? 벌어지지 않은 일이기 때문에 알 수 없겠지만, 내 생각엔 받을 수 없을 것 같다. 너무 가격이 많이 떨어져 사람들이 관심을 더 보였을 것이고, 법원에서 무효 처리한 그 입찰자 분도 다시 입찰에 참여할 것이기 때문이다.

항상 나에게 행운만 찾아오진 않았고, 반대의 경우로 많았다. 앞 물건을 입찰하는 날, 이 지하 빌라와 옆 동네 지상 빌라가 동

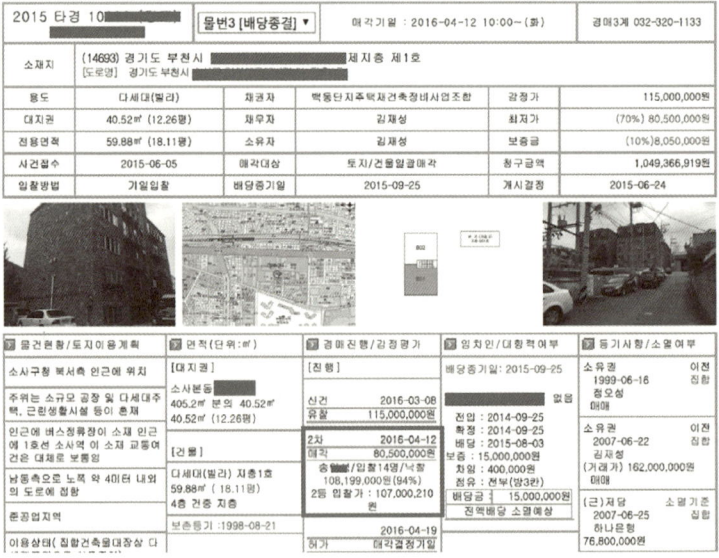

출처:스피드옥션

시에 진행을 했다. 항상 그렇지만, 이날도 투자금이 넉넉하지 않아 2건을 동시에 들어가지는 못하는 상황이었다. 둘 중에 한 건을 선택해서 입찰을 해야만 했다. 앞 물건은 반지하이고, 다른 물건은 지상층이었다. 당연히 투자 원칙에 따라 사람이 몰리지 않을 곳인, 반지하 빌라를 선택해서 최저가로 입찰했다.

하지만 결과는 지상층 빌라에는 아무도 입찰하지 않았고, 반지하 빌라에는 무려 14명이나 입찰에 참여했다. 언제부터 반지하 빌라가 이렇게 인기가 있었는지 모르겠지만, 당연히 최저가로 입찰했으니, 꼴등이었다. 경매에서 등수는 중요하지 않다. '1등을 했느냐, 아니냐'밖에 없다.

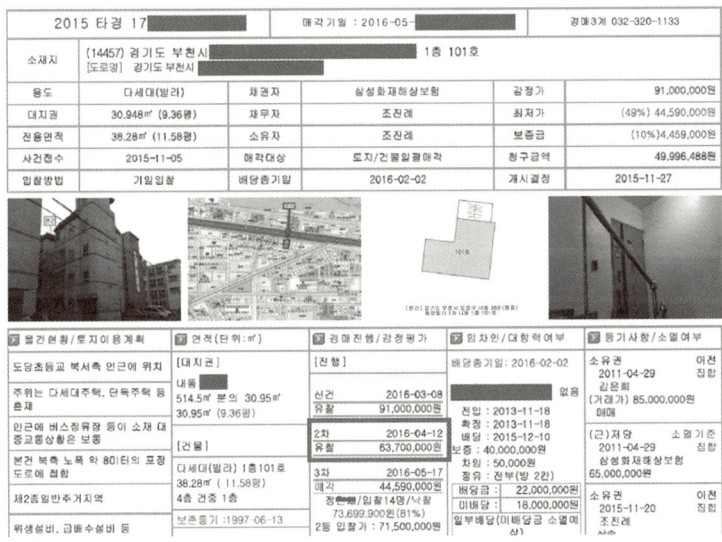

출처:스피드옥션

그래도 기회가 한 번 남았다. 지상층 물건이 유찰되어, 다음 매각기일에 입찰 참여를 했다. 과감하게 전 회차 최저가격인 6370만 원을 썼지만, 지난번 반지하 경매에 참여했던 사람들이 모두 똑같이 들어왔나 보다. 똑같이 14명이 들어왔고, 전 회차 가격을 훨씬 넘겨 낙찰을 받아 갔다.

이 물건은 나랑 인연이 없었던 것 같다. 온갖 아이디어를 짜내어 어떤 물건이 확률이 높을까 생각하는 건 그렇게 의미가 없었다. 경매는 머리로 하는 게 아니었다. 그냥 마음에 드는 물건에 입찰하고 내 운에 맡기면 된다.

경매사건의 재구성
– 은행에서 대출 받기

낙찰을 받았다면, 이제부터 시작이다. 잔금을 치르기 위해 대출을 받아야 한다. 물론 자기 돈으로 잔금을 치른다면 훨씬 더 안정적인 투자를 할 수 있다.

다음 반지하 빌라는 최근 부동산 대책 이후 낙찰을 받았다. 재경매 사건에 부동산 대책 악재까지 겹쳐 사람이 몰리지 않아 저렴하게 낙찰받았다.

감정가는 1억 1000만 원이고, 낙찰은 8008만 원에 받았다. 사람이 아무도 안 들어올 줄 알았으면 '최저가로 썼을 텐데'라는 아쉬움도 남았지만, 그걸 알고 경매하는 사람은 없다. 이 전 낙찰자

(2017년 6월 13일 낙찰자 박○○ 씨)보다는 훨씬 싸게 받았으니 위안을 삼는다. 참고로 이름이 '강석훈'으로 나왔는데 경매정보지에는 실명이 나올 때도 있고, 가명으로 나올 때도 있다.

은행이 대출해 줄 때는 낙찰자가 개인으로 받을지, 임대사업자로 받을지를 선택을 해야 한다. 개인으로 대출을 받을 경우 지역마다 시기마다 그리고 개인의 부채에 따라 은행에서 적용하는 대

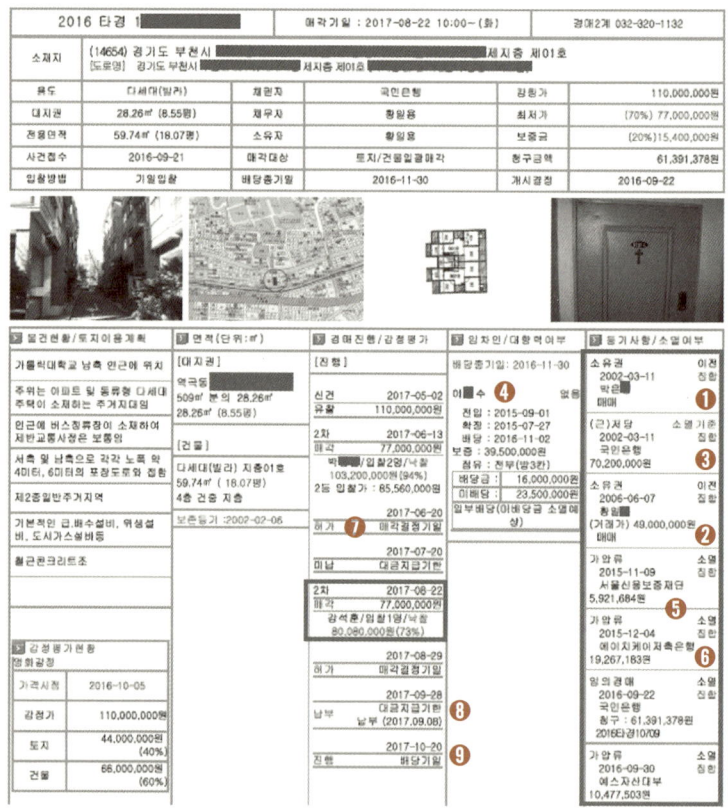

출처:스피드옥션

출비율이 조금 다를 수 있다.

하지만 임대사업자로 대출을 받는다면 지역과 시기와 사업자의 현재 부채 상황에 영향을 덜 받는다. 따라서 아래의 예시와 큰 차이가 없을 것이다.

은행에서 대출을 산정하는 기본적인 틀은 같으니 2017년 9월 부천지역 기준으로 설명하겠다.

1. 개인일 경우
   1.1) 감정가 × 70%(LTV) − 방 차감(소액임대차보증금)
   1.2) 낙찰가 × 90%(LTV)
   1.1), 1.2) 중 작은 금액을 대출해 준다.

2. 임대사업자일 경우
   2.1) 감정가 × 80%(LTV) − 방 차감(소액임대차보증금)
   2.2) 낙찰가 × 80%(LTV)
   2.1), 2.2) 중 작은 금액을 대출해 준다.

그러면 낙찰 사례로 두 경우의 대출 금액을 산출해 보자.

1. 개인일 경우

   1.1) 1억 1000만 원(감정가) × 70%(LTV) - 2800만 원(소액임대차보증금) = 4900만 원

   1.2) 8008만 원(낙찰가) × 90%(LTV) = 약 7200만 원

1.1), 1.2) 중 작은 금액인 4900만 원을 대출 받을 수 있다.

2. 임대사업자일 경우

2.1) 1억 1000만 원(감정가) × 80%(LTV) - 2800만 원(소액임대차보증금) = 6100만 원

2.2) 8008만 원(낙찰가) × 80%(LTV) = 약 6400만 원

2.1), 2.2) 중 작은 금액인 6100만 원을 대출 받을 수 있다.

한눈에 봐도 임내사업자가 유리하다는 걸 알 수 있다. 하지만 항상 임대사업자가 유리한 건 아니다. 이유는 '방 차감'을 보증보험을 통해 제외할 수 있기 때문이다. '방 차감'에 대해 설명하려면 경매가 진행되는 과정을 알아야 이해할 수 있다. 위 부천 사례의 등기사항을 참고하여 사건을 재구성해 보자.

❶ 2002년 3월 11일에 박은○ 씨가 집을 사면서 국민은행에서 대출을 받았다. 이때 대출원금은 설정금액이 7020만 원인 걸로 보아 7020만 원 ÷ 130% = 5400만 원이었을 것이다. (은행은 보통 원금에 120~130%를 권리 금액으로 설정한다. 아파트는 120%, 빌라는 130% 정도 설정한다.)

❷ 2006년 6월 7일에 황일○ 씨에게 팔았다. 거래가는 4900만

원이다. (사실 이 부분도 의심스럽다. 요즘은 다운 계약서를 쓰기 어렵지만 이 당시는 유행했다. 그래서 등기부에 나와 있는 매매가격은 그렇게 신뢰도가 높지 않다.)

❸ 국민은행 근저당이 말소되지 않은 것으로 미루어 볼 때, 황일○ 씨는 2006년 6월 7일에 이 빌라를 사면서 대출 5400만 원도 인수를 했을 것이다. (대출이 5400만 원인데 4900만 원에 매매를 했다는 게 앞뒤가 맞지는 않다. 그래서 아마 다운 계약서를 작성했을 확률이 높다.)

❹ 황일○ 씨는 아마 2015년도에 생활이 어려웠던 것 같다. 하는 사업이 잘 되지 않았는지, 분명히 금전적이 문제가 발생한 것 같다. 그래서 급하게 2015년 9월 1일에 세입자 이○수 씨와 전세 3950만 원으로 계약했다. 2002년식 반지하 빌라, 전용 18평, 화장실 2개였다.
아무리 반지하 빌라라고 해도 2015년 전세가격 치곤 너무 쌌다. (낙찰 후, 이○수 씨와 통화해 보니, 본인도 싸게 나온 집이 있어 계약했고, 부동산에서는 보증금 떼일 걱정은 말라 했다고 한다. 여러분도 매매든, 전세든, 월세든, 시세보다 너무 싸다면 일단 의심해 보시길 바란다.)

❺ 역시나 황일○ 씨가 자금 사정이 좋지 않았던 것 같다. 세입자에게 전세금 3950만 원을 받았는데도 돈이 부족했나 보다. 결국 이 집에 2015년 11월 9일 서울신용보증재단에서 가압류를 걸었고, 2015년 12월 4일에는 저축은행에서 가압류했다. 신용카드와 저축은행에서 빌린 돈을 갚지 못한 것 같다.

❻ 황일○ 씨가 빚을 갚기 어렵다고 본 국민은행은 2016년 9월 30일에 임의경매 신청을 한다. 경매 이후 2016년 9월 30일에도 대부 업체의 가압류가 있는 걸로 보니 황일○ 씨의 생활이 많이 어려웠던 것 같다.

❼ 경매가 진행되며 2017년 6월 13일에 박○○ 씨가 낙찰받았지만, 잔금 납부를 못하고, 내가 2017년 8월 22일에 낙찰받았다.

❽ 2017년 9월 28일이 대금 지급기한, 이날까지 나는 잔금 납부를 해야 한다. 그래서 나는 2017년 9월 8일에 대금 지급을 완료한다. 이 돈을 법원에서 확인한 후 2017년 10월 20일로 배당기일을 잡는다.

❾ 배당기일에 내가 납부한 8008만 원과 전 낙찰자 박○○씨가 잔금 납부를 포기하여 몰수된 보증금 770만 원을 합한 8778만 원에 대해 채권자들에게 순위대로 나눠준다. 원래는 등기사항 순서대로 국민은행(2002.03.11) → 세입자 이○수(2015.09.01) → 서울신용보증재단(2015.11.09) → 에이치케이저축은행(2015.12.04) → 에스자산대부(2016.09.30) 순으로 돈을 배당해 줘야 한다.

하지만 주택 임대차에 있어 상대적으로 경제적인 약자인 임차인을 위해 '소액임대차 보호법'을 적용하여 1순위가 국민은행이 아니고, 이○수 씨가 된다. 그래서 배당금 8778만 원에서 세입자 이○수 씨가 먼저 배당을 받는다. 그리고 배당 후 남은 돈으로 나머지 채권자들이 배당을 받는다. 사건의 재구성 끝.

소액 보증금 범위 및 최우선 변제금액

저당권 설정일	대상지역	소액보증금 적용범위	최우선변제 보증금
2001.09.15~ 2008.08.20	수도권 중 과밀역세권역	4,000만 원 이하	1,600만 원
	광역시(군 제외)	3,500만 원 이하	1,400만 원
	그 외 지역	3,000만 원 이하	1,200만 원
2008.08.21~ 2010.07.25	수도권 중 과밀역세권역	6,000만 원 이하	2,000만 원
	광역시(군 제외)	5,000만 원 이하	1,700만 원
	그 외 지역	4,000만 원 이하	1,400만 원

2010.07.26~ 2013.12.31	서울특별시	7,500만 원 이하	2,500만 원
	수도권 중 과밀억제권역	6,500만 원 이하	2,200만 원
	광역시(군 제외) 안산, 용인, 김포, 광주 포함	5,500만 원 이하	1,900만 원
	그 외 지역	4,000만 원 이하	1,400만 원
2014.01.01~ 2016.03.30	서울특별시	9,500만 원 이하	3,200만 원
	수도권 중 과밀억제권역	8,000만 원 이하	2,700만 원
	광역시(군 제외) 안산, 용인, 김포, 광주 포함	6,000만 원 이하	2,000만 원
	그 외 지역	4,500만 원 이하	1,500만 원
2016.03.31~	서울특별시	1억 원 이하	3,400만 원
	수도권 중 과밀억제권역	8,000만 원 이하	2,700만 원
	광역시(군 제외) 안산, 용인, 김포, 광주 포함	6,000만 원 이하	2,000만 원
	세종시	6,000만 원 이하	2,000만 원
	그 외 지역	5,000만 원 이하	1,700만 원

근저당 설정 날짜가 2002년 3월 11일이고, 보증금은 4000만 원이하인 3950만 원이다. 그래서 세입자는 소액보증금에 적용되어, 최우선변제로 1600만 원을 선순위 국민은행보다 먼저 배당받는다.

그런데 다른 채권자들은 늦게 권리신고를 했기 때문에 이해할 수 있지만, 국민은행의 입장에서는 억울하다. 제일 먼저 물건에 대해 근저당을 설정했는데, 뒤에 전입한 세입자 때문에 배당을 전부 받지 못한다. 그래서 은행은 대출해줄 때, 미리 소액임대차 보증금을 빼고 대출해 준다. 이것을 '방 차감'라고 부른다.

그런데 이 '방 차감'에 보험을 들어 이 돈까지 대출을 받을 수 있다. MCI(서울보증보험-개인당 2개 사용 가능)와 MCG(주택금융

보증 공사 상품-세대당 2개 사용 가능)라는 보증서를 이용하면 '방 차감'을 하지 않고 대출을 받을 수 있다.

이 보증서를 사용하여 대출을 받는다면, 개인일 경우 대출금액이 많아진다.

1. 개인일 경우 대출금 재 산정

   1.1) 1억 1000만 원(감정가) × 70%(LTV) - ~~2800만 원~~(소액임대차보증금) = 7700만 원

   1.2) 8008만 원(낙찰가) × 90%(LTV) = 약 7200만 원

   1.1), 1.2) 중 작은 금액인 7200만 원을 대출받을 수 있다.

보증서를 사용하면 사업자인 경우보다 대출금액이 많다. (참고로 사업자 대출을 이용한다면 위 보증서를 사용할 수 없고, 오직 개인으로 대출받을 경우만 사용 가능하다.) 위 비율은 시기와 지역, 개인마다 달라진다. 하지만 기본적인 틀은 항상 같으니, 입찰 전 대출금액을 확인하고 미리 숙지하면 도움이 될 것이다.

대출을 낙찰가에 90%를 받는다면 과도한 빚이라고 생각할 수 있다. 물론 본인이 감당할 수 있는 범위에서 대출을 활용해야 한다. 하지만 원래 이 물건의 감정가는 1억 1000만 원이다. 그래서 7200만 원을 대출받았다고 해도 7,200만 원/1억 1000만 원 ×100% = 65.45%로 시중 LTV보다는 비율이 낮다. 은행은 절대 손해 보는 장사는 하지 않는다.

명도하기
- 시간을 내 편으로 만들어라

　지금까지, 23채의 부동산 낙찰을 받으면서 가장 어려웠던 과정은 명도(세입자를 이사 보내는 과정)였다. 초심자들은 낙찰을 받고 끝났다고 생각하지만, 실상 낙찰받으면 이제 시작이다. 부동산 경매 수강생들과 이야기해 보면 권리분석의 어려움 때문에 포기하는 경우보다 명도의 두려움 때문에 시작을 못하는 경우가 많았다.

　강제집행이라는 제도가 있어 예전보다는 명도를 진행하는데 어려움이 덜하다. 하지만 불안해하는 거주자를 상대해야 하는데, 무조건 법을 앞세우다간 더 어려움에 빠질 수 있다. 강제집행은 집행하는 낙찰자와 당하는 세입자에게 상처로 남기 때문에 최후의 수단으로 사용해야 한다.

  내가 관심 갖는 대부분 부동산은 세입자가 살고 있고, 세입자가 손해를 보지 않거나 일부만 손해 보는 물건들 위주로 입찰한다. 경매 기초지식만 있으면 누구나 입찰 가능한 물건, 다시 말하면 제일 쉽고 간단한 물건이다.

  명도는 경매로 부동산을 취득하는 과정에서 가장 시간이 짧을 수도 있고 길 수도 있다. 경매를 처음 접하는 사람들이나, 회사생활을 병행하며 경매를 해야 하는 나 같은 월급쟁이들은 명도에 큰 어려움을 겪으면 안 된다. 명도에 너무 시간이 길어지거나 스트레스를 받으면 경제적 자유를 얻기 전까지 중요한 수입원인 회사생활에도 지장을 줄 수 있기 때문이다. 그래서 협상카드(명도확인서[1])가 있는 물건에 주로 입찰한다.

  하지만 명도확인서라는 협상카드가 있어도 세입자를 이사 보내기 쉽지 않다. 요즘은 세입자들은 부동산 경매에 대한 정보를 쉽게 얻어서 인지, 보증금을 손해 보지 않더라도 무리하게 이사비를 요구하는 경우가 많다. 다음은 배당 받은 세입자를 유형별

---

[1] 명도확인서: 해당 부동산을 비워줬을 경우 낙찰자가 기존 세입자에게 전달하는 서류, 세입자는 명도확인서가 있어야 법원에서 배당금(기존 보증금)을 받을 수 있다.

로 명도하는 방법이다.

Case1 - 무조건 이사비를 달라고 요구한다.

이런 경우가 가장 많다. 법적으로 낙찰자가 세입자에게 이사비를 지급해야 하는 의무는 없다. 하지만 강제집행을 진행하는 것도 비용과 시간이 많이 들고, 강심장을 가진 사람이 아니고서야 매몰차게 강제집행을 하기는 어렵다.

하지만 세입자도 명도확인서가 있어야 배당을 받을 수 있으니 협상을 해볼 수 있다. 경매 낙찰을 받으면 매각허가까시 2주일, 잔금 납부 한 달, 배당까지 3주 정도의 시간이 있다. 이렇게 약 두 달 가량의 시간이 있으니, 세입자에게 다른 집으로 이사 갈 시간을 줄 수 있다.

부동산 경매는 시간이 돈이다. 세입자가 이사비를 요구하며 배당일까지 나가지 않으면 강제집행으로 가야 하는데, 이 시간도 두세 달이다. 이 시간 동안 대출받은 이자도 나갈 것이고, 만약 강제집행까지 간다면 그에 따른 비용도 고려해야 한다. 빨리 수익을 내고 다음 물건으로 넘어가려면, 몇 달치 이자와 강제집행 비용만큼의 이사비를 생각해 놓는 것이 좋다. 이때 무조건 이사비를 지급해 주는 것이 아니라, 일정 기간을 정해 놓고 협상을 하는 것이다.

예를 들어 무리한 요구를 하는 세입자에게 아래와 같이 통보를 한다면 효과적이다.

배당일 5주 전까지 집을 비우면 50만 원,

4주 전까지 집을 비우면 40만 원,

3주 전까지 집을 비우면 30만 원,

이렇게 슬라이딩 방식으로 이사비 지급을 제안하는 것이다. 그리고 세입자에게 다음과 같이 말하면 된다.

"배당일 이후에는 이사비는 없으며 명도확인서도 주지 않을 것이다. 나는 세입자에게 선처를 했으나 요구에 응하지 않았으니 협상은 없다. 무조건 강제집행으로 가겠다. 이에 발생하는 비용은 모두 세입자의 배당금에 가압류를 걸겠다"라고 말하면 대다수 세입자는 협상에 응할 수밖에 없다.

경매진행 절차

| 경매 낙찰 |
| 7일 ↓ |
| 매각결정 |
| 7일 ↓ |
| 매각허가 결정 |
| 30일 ↓ |
| 대금납부 |
| 14~21일 ↓ |
| 배당일 |

낙찰 후 배당일까지 약 두 달 간의 시간 동안 세입자와 협상해야 한다.

보통 낙찰 후 명도에 어려움을 겪는다면, 시간이 지날수록 낙찰자가 불안하다. 하지만 앞과 같이 협상을 진행하면, 회사일이나 다른 일에 집중하며 기다리기만 하면 된다. 시간이 지날수록 낙찰자는 대출이자가 나가지만, 세입자에게 줘야 할 이사비도 줄어들기 때문에 마음 편하게 기다릴 수 있다.

세입자에게 시간의 제약을 주었기 때문에 급한 쪽은 세입자이다. 계속 무리한 요구를 하며 기다려봤자 손해만 볼 것이라 생각하기 때문에, 결국 협상대로 나와 이사 날짜를 잡을 것이다.

Case2 - 이사를 갈 테니, 명도확인서 먼저 달라고 한다.

명도확인서는 절대로 이사 나가기 전에 주면 안 된다. 아무리 인상 좋은 세입자라 해도, 아무리 딱한 사정이 있는 세입자라 해도 마음을 굳게 먹고 거절해야 한다. 세입자가 이사 가기 전에 미리 명도확인서를 줬다가 곤욕을 치른 사람을 여러 명 봤다.

만약, 명도확인서를 받은 세입자가 "배당 받은 돈으로 구할 만한 마땅한 집이 없다", "이사 갈 집과 시기가 맞지 않는다. 조금만 기려 달라", "이사 가려 하는데 돈이 조금 부족하다. 조금만 보태 달라"라고 말한다면 이때는 손쓸 방법이 없다.

세입자가 명도확인서를 법원에 접수하고 배당을 받으면, 법원은 부동산 경매사건은 종결한다. 따라서 다시 인도명령은 진행할 수 없고, 새롭게 민사소송을 통해 진행해야 한다. 이렇게 되면 시간은 짧아야 6개월가량 걸린다. 이렇게 명도확인서를 세입자에게 주는 순간 주도권을 뺏기게 되니 신중할 필요가 있다.

하지만 "이사를 가려면 돈이 있어야 하지 않느냐?", "이사 갈 집에 계약금을 걸어 놓아야 하는데 돈이 부족하다. 배당을 먼저 받고 그 돈으로 계약금을 지불하겠다. 의심스러우면 계약서를 보여 주겠다"라고 말하면 마음이 약해진다. 그렇다고 선뜻 믿을 수도 없고 안 믿을 수도 없는 상황이 생긴다. 이럴 때는 2명이 팀을 구성하면 합리적으로 명도할 수 있다. 나는 아버지와 한 팀을 이뤘다.

❶ 우선 세입자에게 배당일에 맞춰 이사 날을 잡아 달라 요청한다.
❷ 세입자가 이사 갈 집에 계약금이 없다고 하면, 과감하게 100~200만 원을 빌려 준다.
❸ 배당일이 되어 아버지는 해당 부동산으로 가서 이삿짐을 싸고 있는지 확인한다.
❹ 아버지가 해당 부동산에 가서 이사 여부를 확인하고, 나는 배당일에 맞춰 세입자를 법원에서 만난다.
❺ 아버지께 전화를 걸어 이사를 확인하면 명도확인서를 전달해 주고 배당을 같이 받는다.
❻ 받은 배당금에서 내가 빌려준 100~200만 원을 받으면 된

다.

추가적으로 배당일에 세입자가 이사를 가지 못하는 경우는 글로 설명하기 어려울 수 있으니 간략하게 도식화해서 표현한다.

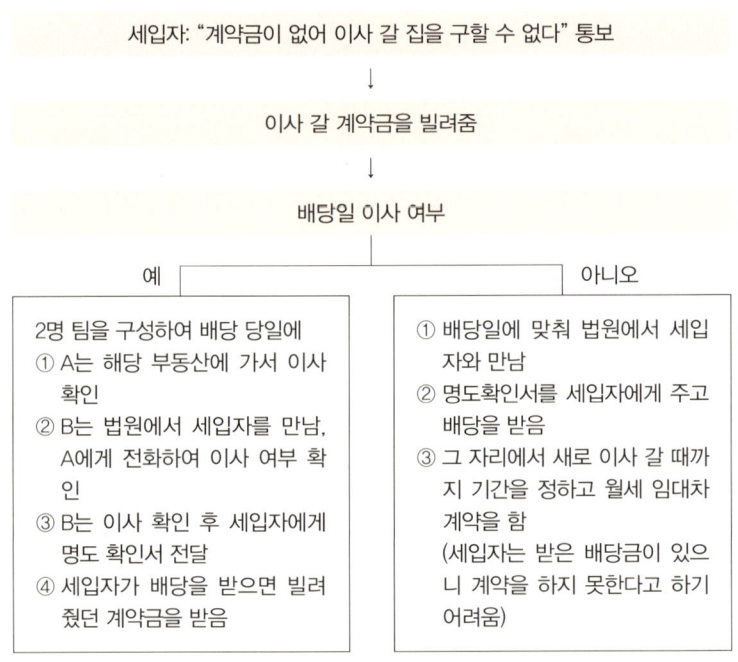

배당일에 이사를 가지 못하는 경우에는 '아니오 - ③항목'처럼 세입자가 이사 가기 전까지 보증금을 받고 계약을 한다. 이렇게 하지 않으면, 세입자가 치일피일 이사를 미루는 경우에 대처하기 어렵다. 그래서 안전장치를 하나 더 장착하는 것이다. 계약의 조건은 한 달에 내로 이사 가면 월세는 받지 않고, 한 달 이후에 나가면 월세를 받는 것으로 하면 시간을 또 내 편으로 만들 수 있다.

"이렇게까지 해야 하나?"라고 말하는 독자들도 있겠지만 조심해서 나쁠 것이 없다. 그리고 낙찰자 입장에서도 강압적이거나 무리한 요구가 아닌 정당하고 합당한 요구이다. 또한 경매를 당한 세입자 입장에서도 불만을 사기 어려울 것이다.

물론, 앞 대응 방안이 정답은 아니다. 하지만 명도확인서를 미리 건네주어 받는 스트레스와 위 대응방법 중 어떻게 행동하는 것이 마음이 편할지는 생각해 볼 필요가 있다. 선택은 당신이 하는 것이다.

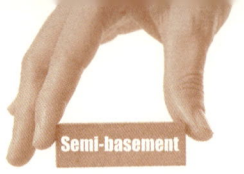

집 수리 노하우

패권국가 로마인만큼 수도 로마에는 늘 주택에 대한 수요가 많았다. 튼튼하고 아름다운 집으로 개조하려면 돈이 드니까, 임대료도 비싸게 받지 않으면 채산이 맞지 않는다. 그런데 비싼 집세를 낼 수 있는 사람은 소수에 불과하다. 가장 수요가 많은 것은 집세가 싼 집일 게 뻔하다. 그래서 로마 제일의 갑부인 크라수스가 수도에 소유하고 있는 부동산은 대부분 위층에서 큰 소동이라도 벌어지면 금방이라도 허물어질 것 같은 집들이었다.

『로마인 이야기 3권』 p229, 시오노 나나미, 한길사

기원전 로마 제일의 갑부 크라수스가 소유한 대부분의 주택이 허름한 집들이었다는 게 흥미롭다. 세계적인 도시 서울에는 늘 주택에 대한 수요가 많다. 내가 관심 있는 반지하 빌라는 저렴한 노후 빌라이기 때문에 수리비용은 한도 끝도 없다. 낡은 알루미늄 새시를 교체하거나 화장실 타일만 교체해도 몇 백만 원은 훌쩍 넘는다. 모두 최신식으로 고치면 채산이 맞지 않는다. 비싼 집세를 낼 수 있는 사람은 소수에 불과하다. 그런데 비싼 집세를 낼 수 있는 사람은 반지하 빌라에 살지 않는다. 모두 뜯어 고친다고 해도 반지하 집세는 지상층 이하이다. 아무리 좋은 반지하 빌라라고 해도 지상층만 하지 못하다.

그래서 항상 고민은 '어디까지 수리를 해야 할까?'이다. 처음에는 수리에 너무 욕심을 부리고, 비용을 줄이기 위해 모든 것을 내 손으로 했다. 전자 도어록 설치, 도배와 장판 교체, 주방 타일, LED 전등 교체, 페인트칠, 수전 교체 등 DIY 수리에 열을 올렸다. 주말이나 연휴뿐만 아니라, 여름휴가 때도 언제나 집수리를 했다. 남들이 놀고 있을 때, 나는 악착같이 집을 꾸몄다.

한 번은 세면대 수전을 교체하는데 수도 밸브를 잠그지 않고 하다가 수도관이 터져서 화장실 물이 넘쳐 수리비가 더 나왔다. 벽에 의미 없이 튀어나와 있는 전선(인터폰이 있던 자리)을 가위로 잘랐다가 폭발하여 감전을 당한 적도 있었다. 또 욕조용 수전을 교체하다 연결을 잘못하여, 반대쪽 방 벽면으로 누수가 되어 탐지 비용이 훨씬 더 나왔던 적도 있었다.

그 일들 이후, 이제는 웬만한 수리는 내가 하지 않는다. 주변 보수업체에 실력 좋은 전문가들에게 맡기는 게 마음도 편하고, 몸도 편하다. 몇 만 원 아끼려다 몇 십만 원 비용이 더 나간다. 모든 수리를 다 해놓고 몇 만 원 올려서 임대시장에 내놓는 것보다, 기본적인 것만 교체하고 몇 만 원 싸게 부동산에 내놓는 게 훨씬 효과적이다. 그리고 반지하 수리에서 가장 중요한 건 깔끔한 겉보기보다, 곰팡이나 누수 문제를 해결하는 게 가장 중요하다.

1. 곰팡이 문제

곰팡이는 습한 여름에 많이 생긴다고 생각하는데, 오히려 집 내부와 외부 온도 차이가 많이 나는 겨울철에 많이 생긴다. 특히 곰팡이는 반지하의 습기보다, 거주하면서 환기를 시키지 않아 생기는 경우도 많다.

도배를 하기 전 벽면에 곰팡이 상태를 확인해 보면, 집 내부의

단열재 시공 전   단열재 시공 후

벽보다는 외부와 만나는 벽에 곰팡이가 많다. 이는 외부와 온도 차이 때문에 발생한 곰팡이인데, 이런 곳은 새로 도배를 한다 해도 다시 곰팡이가 생길 확률이 높다. 그래서 단열재로 보강한 후 도배하는 게 처음에는 비용이 많이 들지만, 장기적으로는 비용을 절약할 수 있다. 앞의 사진도 외부와 만나는 벽과 창문 주변에 보드를 대고 시공을 했다. 셀프 시공도 가능하지만, 도배 사장님께

① 세입자가 곰팡이가 생겼다고 연락옴

② 곰팡이 전문 업체에 무려 50만 원을 들여 시공

③ 3개월 후 만신창이가 됨

④ 단돈 2만 원짜리 곰팡이 페인트로 간단히 해결

부탁해 비용을 조금 추가하면 시공해 주신다.

도배 후 발생한 곰팡이에 대해서는 인터넷에서 알아본 곰팡이 전문 업체에 맡겼다. 하지만 곰팡이가 해결되기는커녕, 상태가 더 악화됐다. 고민하던 차에 반신반의하며 항곰팡이 페인트를 사용했다. 시중에 너무 많은 제품으로 혼란스러웠는데, 여러 제품을 써본 결과 대원인데코 항균페인트의 효과가 좋았다. 곰팡이 방지 페인트는 반지하 빌라의 혁명이다. 곰팡이가 생긴 벽지 위에 항균페인트를 칠해 놓으니, 몇 년 동안 곰팡이 걱정은 없었다.

이러한 문제들은 무조건 전문가를 믿기보다는 스스로 경험히고 해결하다 보니 노하우가 생겼다. 내 경매 강의에서도 이러한 노하우들을 수강생들에게 공유하면서 진행하고 있다.

2. 누수 문제

반지하 빌라는 집에 누수가 있어도 걱정이 별로 없다. 보통 아파트나 지상층 빌라에 누수 문제가 발생하면, 누수탐지비와 수리비용뿐만 아니라 아랫집 도배까지 다시 해줘야 한다. 만약 아랫집 벽지가 실크라면, 100~200만 원은 우습게 나간다. 적어도 반지하 빌라는 아래층 피해를 내가 물어줄 염려는 없다.

집 수리를 시작하기 전에 가장 먼저 하는 일은 노후 수도관 교체비용 지원 여부이다. 서울시는 노후관 교체에 대해 80%까지 공사비를 지원해 준다. 내가 갖고 있는 반지하는 대부분 노후 빌라이기 때문에 지원 사업 덕을 많이 받았다. 보통 수도관 교체 공사비는 100만 원 정도인데, 80만 원정도 지원받아 20만 원에 수리를 한다.

3. 습기 문제

집안에 누수가 없는데 현관 앞 복도나 계단 밑으로 물이 고여 있는 경우가 있다. 이러한 문제는 수도관에 누수가 있는 경우도 있지만, 비가 온 후 땅속에 스며든 빗물이 내려가지 못하고 땅속에 고여 있을 때 발생한다. 이 문제는 집 구조를 보면 이해하기가 쉽다.

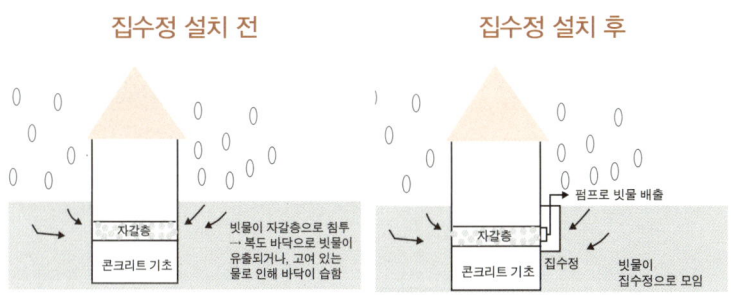

건설회사에서 빌라를 지을 때, 땅을 깊게 판 뒤 콘크리트 기초를 설치한다. 튼튼한 기초 위에 자갈층을 먼저 깐 후 바닥을 만드는데, 빌라가 오래되면 땅속의 물이 자갈층으로 스며 드는 경우가 있다. 그래서 비가 오면 자갈층으로 물이 스며들어 고인다.

간혹, 오래된 빌라가 습한 이유는 이 자갈층에 물이 계속 차 있고 빠지지 않기 때문이다. 비가 계속 오면, 물이 차 넘쳐서 빌라의 가장 낮은 곳인 반지하 복도 앞으로 새어 나온다. 이런 문제는 다음 사진과 같이 물이 고이는 복도에 구멍을 뚫어 집수정을 설치하면 된다. 비가 많이 올 때 빗물이 흘러 들어와도 문제가 없고, 자갈층에 고여 있는 물도 빠지기 때문에 집안에 습한 기운도 없어진다.

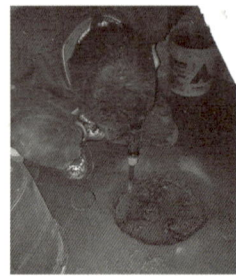 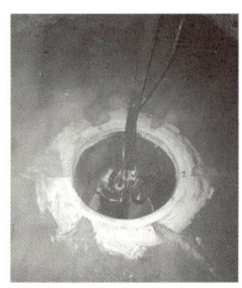 

복도 바닥에 구멍을 뚫고   집수정 안에 펌프를 설치한다   펌프에 관을 연결하여 밖으로 빼내면 된다

집수정 설치는 개인이 하기 어렵다. 가격 차이는 있지만, 업체에 맡긴다면 50~60만 원 정도에 가능하다. 이 비용은 혼자 부담하기보단, 협의가 잘된다면 빌라 전 세대와 같이 비용을 부담할 수 있다. 협조가 잘되지 않는 경우, 적어도 같이 피해를 보는 앞집과는 나눠 부담할 수 있다.

사람들은 반지하 빌라에 대한 선입관으로 '무조건 피해야 한다. 골치 아플 것이다'라고 생각하는 경향이 있다. 지상층 빌라라고 문제가 없는 건 아니고, 모든 반지하 빌라가 위와 같은 문제가 있는 건 아니다. 이런 문제는 사람들이 걱정하는 것보다 잘 발생하지 않는다. 그리고 혹시라도 문제가 생기면 해결할 수 있는 방법이 있다는 걸 말해 주고 싶었다. 생각보다 문제는 저렴하고 쉽게 해결할 수 있다.

위험관리는 어떻게 하는가?

　얼마 전, 부동산 투자에 관심이 많던 지인이 내게 찾아와 몇 가지를 물었다. 이 사람은 매일 반복되는 회사생활에 염증을 느끼고, 변화를 원하고 있었다. 하지만 걱정과 두려움이 많아 새로운 시작을 하지 못하고 있었다.
"23채 부동산을 관리하는데, 월세가 밀리지 않나요?"
"당연히 월세가 밀려요. 매월 25일에 나오는 회사 월급 같진 않죠"라고 대답한다.
"월세가 밀리면, 이자 감당은 어떻게 하시나요?"
"그래서 2~3달 분의 생활비와 이자비용은 항상 현금으로 갖고 있습니다."

"그러면 많이 불안하시겠어요."

"그런 측면도 있죠." 나는 대답했다.

"제가 보기엔 많은 대출을 받고 투자하는 건 무모해 보여요. 당신이 말한 수익률이라는 건, 이론적인 수치에 불과하네요"라고 말하며 자신이 투자를 하지 않은 것에 위안을 삼고 떠나가 버렸다.

내 지인은 투자는 위험한 것이고, 자신이 위험한 행동을 하지 않은 게 현명한 선택이었다는 걸 확인하고 싶었던 것 같다. 그는 듣고 싶은 말은 다 들었다는 듯, 내 말이 다 끝나기도 전에 바쁘다고 나가 버렸다.

물론, 지인의 말이 맞을 수도 있다. 월세가 계속 밀리는데 은행 이자도 내야 하고, 집 수리비도 나가고, 세금도 내면 나는 결국 망할 것이다. 하지만 이 사람은 중요한 내 말은 끝까지 듣지 않고 가버렸다. 지금까지 월세가 밀린 적이 있지만, 받지 못한 월세는 없었다는 말이었다.

위험을 감수한다는 것은 무모한 행동을 한다는 것과는 전혀 다릅니다. 위험을 감수하기 위해서는 위험을 가늠할 수 있어야 합니다. 절대 착각하면 안 됩니다. 내가 모험주의 경영을 한다고 말하는 사람들이 있지만, 회사를 가지고 모험을 한다면 금방 망하고 말 것입니다. 실패해도 괜찮을 정도의 위험을 계산한 다음, 행동으로 옮기는 것입니다.

『야나이 다다시 유니클로 이야기』 p38~39,
가와시마 고타로, 비즈니스북스

유니클로 창업주 야나이 다다시의 말처럼 나는 실패해도 괜찮을 정도의 위험을 계산한 다음, 행동으로 옮긴다.

첫 번째 투자

내 첫 부동산인 창동 반지하 빌라의 위험 부담은 월 10만 원이었다(p87 참조). 그 부동산이 임대가 되지 않거나 월세가 밀렸을 경우를 항상 생각해야 했는데, 월 10만 원 정도는 회사 월급으로 감당할 수 있다고 생각했다. 기존 세입자와 계약하여 위험부담이었던 월 10만 원의 지출은 월 25만 원의 수입으로 바꿨다. 이제 월급 이외에 추가적인 수입이 생겼다. 내 월급은 혹시 모르는 위험에 대비해 꾸준히 모으고, 추가적인 월 25만 원 현금으로 다음 위험을 감당하면 된다.

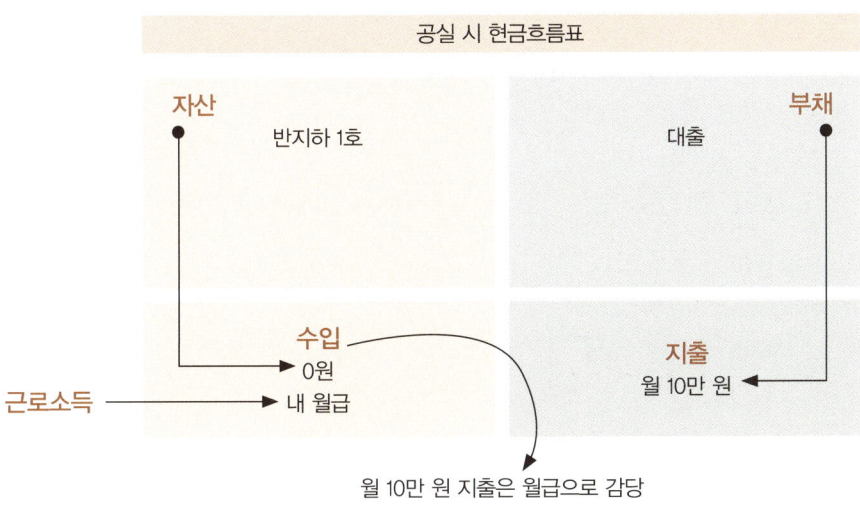

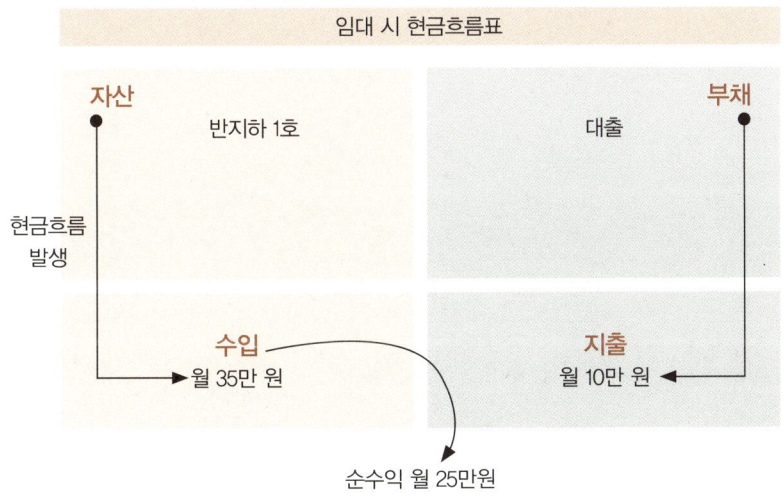

두 번째 투자

그다음은 창동 반지하와 같은 규모의 부동산을 두 개 낙찰받았다. 그러면 월 20만 원의 위험 부담금이 생긴다. 하지만 앞서 창동 반지하에서 나오는 25만 원이 있기 때문에 문제가 없다. 또한 회사 월급은 건들지 않기 때문에 내 생활에 문제가 없다.

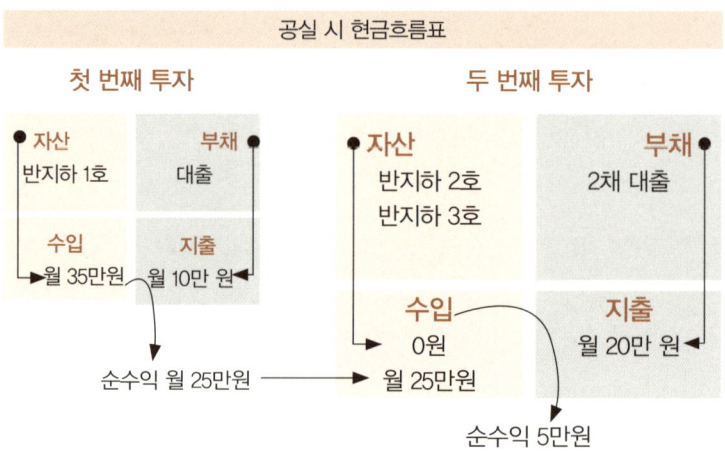

이 두 개의 부동산이 임대가 나가면, 집이 3채가 되고 수익은 75만 원이 될 것이다. 이제 나는 75만 원의 위험 부담을 감당할 수 있다.

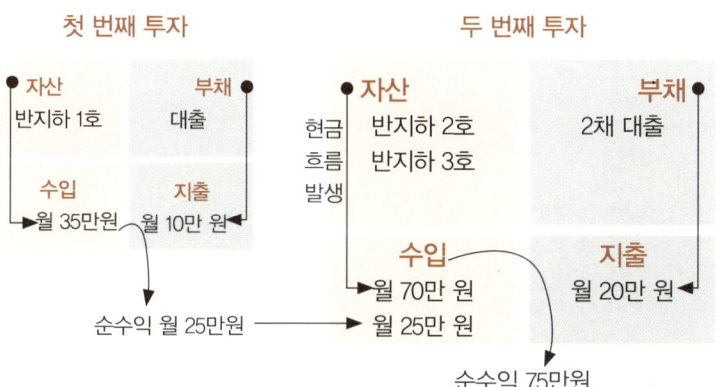

구분	위험	해결책	감당한 결과
첫 번째 투자	월 10만 원	월급	월 25만 원 수입이 생김
두 번째 투자	월 20만 원	첫 번째 물건 수입 월 25만 원	수입 월 75만 원 수입이 생김
세 번째 투자	...	...	...

　이런 식으로 현금흐름 파이프라인을 늘려간다면, 안정적으로 생활하며 수입을 늘릴 수 있다. 물건을 늘려가는 시기에는 부동산에서 나오는 추가 수입을 위험관리에 사용해야 한다. 그래서 가장 큰 파이프라인인 회사 월급이 가장 중요하다.

　회사를 그만두고 투자하면, 집중적으로 더 좋은 성과를 낼 수 있다고 생각할지 모르지만, 안정적인 월급이 없으면 마음이 불안해져 실패하기 쉽다. 현금흐름을 통한 자유소득이 자신이 정한 규모가 될 때까지는 회사와 맞벌이를 해야 한다.

또한, 월세가 밀리거나 공실이 생기는 경우에도 현금흐름 파이프라인 투자는 위험 관리에 효과적이다. 회사를 그만두기 전에, 나는 1개의 근로소득 파이프라인과 23개의 임대소득 파이프라인이 있었다. 그래서 몇 개의 파이프라인이 고장 나도 내 생활에 어려움은 없었다.

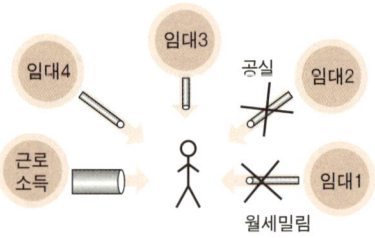

위 그림과 같이 월세가 밀리거나 공실이 생겨 파이프라인이 고장 나면, 다른 파이프라인으로 생활하면 된다. 만약에 내 세입자들께서 담합하여 한꺼번에 월세를 내지 않거나, 모두 이사 가는 일이 생기지만 않는다면, 내 생활에 문제는 없다. 물론 이런 일은 벌어지기 힘들다.

또 위험관리 측면에서 이렇게 작은 파이프라인을 여러 개 구축하는 게 유리하다. 예를 들어 내가 임대 부동산 23채를 모아 1채의 큰 임대 부동산에 투자했다고 생각해 보자.

관리하는 측면에서는 한 개만 신경 쓰면 되니 편할 수도 있다. 하지만 위험관리 측면에서는 불리하다. 위 그림과 같이 부동산에 공실이 생기거나 월세가 밀린다면 그에 대한 이자는 고스란히 내 근로소득으로 해결해야 한다. 그래서 나는 위험을 분산해서 투자한 내 반지하 빌라가 강남 아파트보다 좋다.

월세 받기 TIP

　월세 날이면 '안녕하세요. ○○○선생님, 오늘은 월세 날입니다. 월세 입금 부탁드립니다'라고 문자를 한 통 보낸다. 그리고 나는 그 일을 잊고 회사 일에 집중하고 있으면 된다. '언제 입금할까?' 기다리고 있으면 아마 나는 신경쇠약에 걸렸을 것이다. 세입자의 여러 가지 사정 때문에 입금이 늦어지는 경우가 종종 있기 때문이다.

월세가 밀렸을 경우 기간별 대처 방법

계약 시 보증금은 월세의 6개월분 이상을 받는 게 밀렸을 경우 정신 건강에 좋다.

1~2주일 밀렸을 경우

월세가 늦더라도 1~2주일은 여유롭게 기다려 줘야 한다. 월세는 매월 25일에 나오는 회사의 월급하고는 다르다는 걸 인정해야 한다.

한 달 밀렸을 경우

만약에 문자를 보내고, 전화를 해도 월세를 입금하지 않는다면, 집에 찾아가서 세입자와 대화를 하자. 현재 세입자가 안고 있는 문제를 들어주고, 1주일 내로 꼭 해결해 달라고 말한다. 찾아가는 나도 부담스럽지만, 세입자는 더욱 마음이 불편하다.

한 달 반이 밀렸을 경우

연체가 두 달이 되기 전에, 내용증명을 보낸다. 보통 이 정도까지 왔다면, 세입자는 "내일 주겠다, 다음 주에 돈이 들어온다"와 같은 말로 미룰 것이다. 이런 말에 마음 약해지지 말고, 다음 주에 입금해 준다고 하더라도 내용증명은 보낸다. 서류상 행정절차이니 신경 쓰지 말라고 세입자에게 말해준다. 그리고 월세를 입금해 주면 무효 처리한다고 말한다. 임대차 계약서에는 '임차인이 계속하여 2회 이상 차임의 지급을 연체하면 임대인은 즉시 본 계약을 해지할 수 있다'라는 내용이 보통 들어가는데, 이 내용을 꼭 상기시켜 줘야 한다. 내용증명을 보내기 전, 문서를 사진 찍어 세입자에게 미리 통보해 준다. 세입자가 계약을 이행하지 않아 파기한다는 걸 꼭 인지시켜준다. 내용증명까지 보내면, 웬만한 경우 입금해 준다.

아래는 두 달 월세가 연체된 세입자에게 보냈던 내용증명이다. 문시를 작성하여 3부를 인쇄해 우체국으로 가면 된다. 우체국에서 한 부를 보관하고, 한 부는 나에게 준다. 그리고 나머지 한 부는 세입자에게 보낸다.

내 용 증 명

받는 사람 성명 : 이○○
주민번호 : 691111-1000000
주소 : 서울시 ○○구 ○○동 ○○빌라 지하층 B01호
연락처 : 010-1111-1111

보내는 사람 성명 : 반지상
주민번호 : 771111-1111111
주소 : 서울시 영등포구 00동
연락처 : 010-0000-0000

부동산의 표시 : 서울시 ○○구 ○○동 ○○빌라 지하층 B01호

1. 삼가 귀댁의 안녕을 기원합니다.

2. 본인은 위 부동산의 소유자로서 이에 대하여 귀하와 임대차보증금 오백만 원(5,000,000원), 월차임 사십만 원(400,000원) 후불로 임대차 기간을 2015.08.04부터 2년간으로 하는 임대차계약을 체결한 바 있습니다.

3. 그러나 귀하는 위의 계약과는 달리 2016년 07월분, 2016년 08월분 총 2개월의 월 임료를 지급하지 않은 상황으로 본 내용증명을 통하여 이에 따른 지급을 촉구하오니 2016.08.25까지 지급하여 주시기 바랍니다.

4. 위 날까지 연체된 2개월치 월세 80만 원의 입금이 되지 않으면 **월세 계약서 제4조((계약의 해지) 임차인이 계속하여 2회 이상 차임의 지급을 연체하거나 제3조를 위반하였을 때 임대인은 즉시 본 계약을 해지할 수 있다)에 근거하여 본 임대차 계약이 해지될 것과**

5. 또 위를 근거하여 2016.08.26. 0시 이후로 **전기와 가스, 수도의 공급이 중단될 것임**을 내용증명을 통해 알려드립니다.

6. 향후 임대차계약이 해지되고도 임차인은 본 건물의 명도를 거부할 경우 명도 소송과 함께 점유 이전 가처분을 제기할 것이며 밀린 월세(80만 원) 및 명도소송과 강제집행에 들어간 법무비용 및 월세에 대한 지연 법정이자 등을 임차인의 부담으로 청구하고 보증금이 부족하면 지급명령을 통해 월급 및 통장 가압류를 할 것이며, 부족할 경우 유체동산에 압류할 것임을 알려드립니다.

7. 본인은 2016년 08월 25일까지 월세 전액 입금과 연체된 공과금

> 납부를 하길 바라며 그렇지 않을 시에는 차후 월세가 입금이 된다 하더라도 계약이 해지되었음을 알려드립니다.
>
> 2016년 08월 00일
>
> 위 발신인 : 소유자 반지상

이렇게 작성하여 내용증명을 보냈다. 추가로 아래와 같이 현재까지 납부내역도 작성하여 문자메세지로 보내주었다.

	후불(매월 04일)	실제입금일	금액
1차	2015년 09월	2015-09-07	400,000
2차	2015년 10월	2015-10-06	400,000
3차	2015년 11월		두 달분
4차	2015년 12월	2015-12-23	800,000
5차	2016년 01월	2016-01-20	400,000
6차	2016년 02월	2016-02-17	400,000
7차	2016년 03월	2016-03-22	400,000
8차	2016년 04월	2016-04-25	400,000
9차	2016년 05월		두 달분
10차	2016년 06월	2016-06-30	800,000
11차	2016년 07월		미납
12차	2016년 08월		미납

하지만 세입자가 내용증명을 받지 않았다. 내용증명은 우체국 등기처럼 집배원이 방문하였을 경우, 수신자가 부재중이면 추후 2번 더 방문하고 송달되지 못하면 반송된다. 그래서 반송된 내용증명을 사진 찍어 카카오톡으로 보냈고, 문서를 현관문 앞에 청테이프로 붙여 놓고 왔다. 이 세입자는 전기와 가스, 수도 공과금도 연체한 상태였기 때문에 각 담당 사무소에 사정은 말해 두었다. 해당 일에 공급이 중단될지는 알 수 없었지만, 일단 내용을 적어 보냈다. 그랬더니 며칠 뒤 월세를 입금해 주었다.

두 달 밀렸을 경우

내용증명까지 보냈는데 입금해 주지 않는다면, 명도소송을 준비한다. 2회 이상 차임을 연체했으므로 모든 손해 배상은 세입자가 책임을 진다는 내용을 꼭 넣는다. 최악의 경우에 명도소송을 해야 하니, 시간이 지나 보증금을 월세로 미리 까먹기 전에 미리 대처를 해야 한다. 만약 위 세입자가 내용증명을 보내도 월세를 지급하지 않았으면 바로 소장을 보내려 했다.

소 장

원고 : 반지상
  주민번호 : 770202-1111111
  주소 : 서울시 영등포구 ○○동

연락처 : 010-0000-0000

피고 : 이○○

주민번호 : 690111-1000000

주소 : 서울시 ○○구 ○○동 ○○빌라 지하층 B01호

연락처 : 010-1111-1111

건물명도 청구의 소

1. 피고는 원고에게 별지목록기재 부동산을 명도하고, 2016년 5월 4일부터 본건 명도 완료일까지 매월 400,000원 금원을 지급하라.
2. 소송비용은 피고의 부담으로 한다.
3. 위 제1항은 가집행할 수 있다.라는 재판을 구합니다.

청 구 원 인

1. 원고는 별지목록 부동산을 2015년 8월 1일에 원고와 8월 4일부터 24개월간 보증금 오백만 원에 월세 사십만 원에 후불로 계약하였습니다.
2. 계약 후 첨부한 월세 입금내역처럼 한 번도 지급일(매월 4일)에 입금한 적이 없고, 지난 2016년 7월부터는 임대료를 입금시키지 않고 있습니다.
3. 따라서 2016년 7월 4일과 8월 4일에 입금이 안 되어, 월세 계약서 제4조((계약의 해지) 임차인이 계속하여 2회 이상 차임의 지급을 연체하거나 제3조를 위반하였을 때 임대인은 즉시 본 계약을 해지할 수 있다)에 근거하여 본 임대차 계약을 해지될 것임을 내용증명을 통해 알렸으나 수취가 계속 안 되어 원고가 직접 피고가 고지할 수 있도록 현관에 부착하였습니다. 하지만 그 후에도 월세

는 입금되지 않았습니다.
4. 이에 피고 이○○은 별지 목록 부동산을 원고에게 명도하고, 원고가 이 사건 부동산의 임대료를 받지 못하고 원고가 손해를 보고 있는 바, 원고가 이 부동산을 임대하고 11차 월세 지급일인 7월 4일 이후부터 명도에 이르기까지 1개월당 금 사십만 원의 손해 배상을 청구하기 위하여 부득이 원고는 청구취지와 같은 판결을 구하고자 이 건 청구에 이르렀습니다.

입 증 방 법
1. 갑 제1호증 임대차 계약서
1. 갑 제2호증 건축물대장등본
1. 갑 제3호증 내용증명(통고서)
1. 갑 제4호증 월세 입금내역 통장사본
1. 갑 제5호증 사진

첨 부 서 류
1. 부동산 표시
1. 등기부등본
1. 토지대장등본
1. 소장 부본
1. 송달료 납부서

2016년 ○월 ○일

위 원고 : 반 지 상 (인)

서울○○지방법원 귀중

```
부동산 표시
1동의 건물의 표시
서울특별시 ○○구 ○○동
철근콘크리트조 평스라브 4층
다세대주택(9세대)
1층 86.83㎡ 2세대
2층 92.24㎡ 2세대
3층 92.24㎡ 2세대
4층 77.50㎡ 1세대
지층 86.83㎡ 2세대
전유부분의 건물의 표시
건물의 번호 : 지하층 B01호
구조 : 철근콘크리트조
면적 : 36.88㎡
신청부분
위 부동산 표시부분 중 지하층 B01호 전부
```

    23채의 부동산을 5년 정도 임대하면서 두 달 이상 연체한 세입자는 있었지만, 명도소송까지 한 경험은 없다. 하지만 3000만 원 이하의 소액심판 청구소송은 절차도 간단하고, 각 법원의 무료법률 상담 센터를 이용하면 혼자서도 소송을 할 수 있으니 걱정할 필요 없다.

작은 실패를 하라

시작은 작게 해야 한다. 그래야 실패했을 때, 감당할 수 있다. 특히 가족의 생계를 책임지고 있는 월급쟁이가 실패로 다시 일어서지 못한다면 가족 모두에게 불행한 일이다. 무슨 일을 하던지 경험과 노하우가 있어야 위기를 극복할 수 있다. 처음부터 너무 큰 시도를 하면 돌아오는 결과를 크게 얻을 수 있지만, 실패했을 때 다시 일어나기 어렵다. 월급쟁이들이 자신의 퇴직금으로 시작한 사업에 실패하는 이유는 아무 관련 경험도 없이 남들의 말을 듣고 시작을 했을 때이다.

내가 반지하를 선택한 이유는 돈이 많지 않았던 이유도 있지만, 다시 일어설 수 있는 실패를 경험할 수 있었기 때문이다. 이런 경험은 아무리 훌륭한 사람이나 책도 나에게 가르쳐 줄 수 없다.

만약에 내가 처음부터 월세가 300만 원이 나오는 아파트에 투자를 했다고 생각해 보자. 그러면 가장 빠르게 목표에 도달하는 길을 아래와 같이 표현할 수 있다.

하지만 나는 경험과 노하우가 없기 때문에 월세 300만 원이라는 목표를 가장 빠른 길로 도달할 수 있는 방법을 알지 못할 것이다. 가장 빠른 길과 경험이 없는 나와의 오차가 θ=60° 정도라면 다음과 같이 표현할 수 있다.

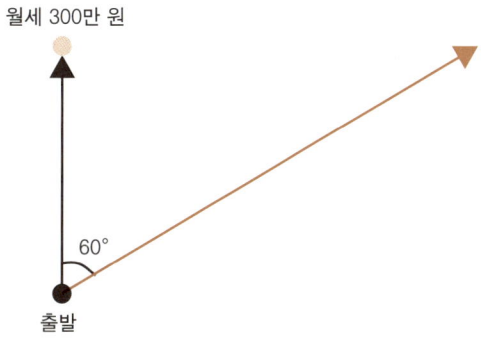

그런데 이렇게 차이가 생기다 보니 처음 목표로 했던 월세 300만 원과 거리가 너무 멀어졌다. 다시 원래의 목표로 돌아가기 쉽지 않다.

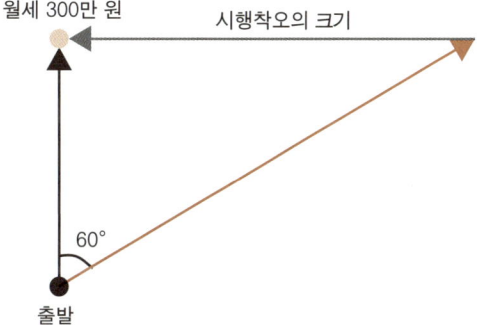

아무런 경험 없이, 큰 목표를 한 걸음에 도달하려 하면 시간은 단축할 수 있을지 모른다. 하지만 시행착오가 너무 크면 원래 목표했던 곳으로 돌아가기 힘들 수 있다. 그 고통과 위기를 이겨 내면 성공할 것이고, 이겨내지 못하면 실패한다.

하지만 큰 목표를 나눠서 달려간다면, 상대적으로 고통과 위험은 작다. 그래서 나 같은 평범한 사람이 극복하기 쉽다. 23채의 부동산을 취득하면서 수많은 실패를 했다. 첫 번째 부동산을 취득하면서 목표와 차이의 각도가 앞과 같이 θ=60°라면, 이 부동산에서 배운 경험을 바탕으로 두 번째 부동산에서는 차이를 θ=50°로 줄일 수 있다. 다음 부동산은 θ=30°, θ=20°... 이런 식으로 실패에서 배운 경험으로 시행착오를 줄일 수 있다. 그래서 결국 목표에 도달할 수 있다. 경험이 쌓일수록, 다음 물건은 더욱 쉽게 진행할 수 있다.

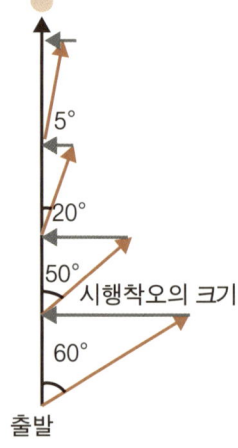

큰 목표를 나눠서 도달할 경우

만약에 내가 갖고 있는 반지하 빌라 23채를 꾸준히 입찰하여 5년에 걸쳐 취득하지 않았고, 한 건물에 23세대가 있는 빌라를 한 번에 낙찰받아 부동산 경매를 시작했다면 실패했을 확률이 높았을 것이다. 물론, 5년이라는 시간은 단축시켰을 수도 있다. 하지만 난생 처음 경매를 하는데, 그렇게 큰 물건은 시도도 하지 못했을 것이다. 시도했다 하더라도 위기가 왔을 때 처음 겪어 보는 큰 고통을 버티지 못했을 것이다.

하지만 지금 이런 기회가 온다면, 할 수 있을 것이다. 23채의 부동산을 통해 수없이 많은 작은 실패를 했고, 반대로 23번의 성공을 계속 했기 때문이다. 이와 유사한 사례를 스티브 잡스의 일화에서도 찾아 볼 수 있다.

주변에 널려 있는 물건은 무엇이든 내가 직접 만들 수 있다는 생각이 들었다. 그래서 스스로 어떤 물건을 만든다는 게 더 이상 신기한 일이 아니었다. 무슨 말이냐 하면, 이런 거다. 예를 들어 텔레비전이 한 대 있으면 나는 이런 생각을 한다. '텔레비전을 만들어 본 적이 없지만, 만들 수 있을 것 같다. 히스키트 카탈로그에 나와 있고, 또 나는 히스키트 제품을 두 개나 이미 만들어 봤으니까 텔레비전이라고 못 만들 것도 없잖아'라고. 사실 그런 물건들은 사람이 만들어 낸 것이지 어떤 마법의 힘으로 우리 주변에 있는 게 아니라는 사실이 점점 분명해졌다. … 히스키트 제품은 나에게 엄청난 자신감을 심어 주었다. 아무리 복잡하게 보이는 것도 탐구하고 학습하면 얼마든지 이해할 수 있다는 자신감이 있었다.

『픽사이야기』 p136, 데이비드 A. 프라이스, 흐름출판

앞 사례와 같이 스티브 잡스도 히스키트(아마추어용 전자공학 키트)를 만들면서 몇 번의 작은 실패를 했고, 또 몇 번의 작은 성공을 했다. 그래서 원리가 비슷한 텔레비전도 만들어 본 경험은 없지만, 만들 수 있다고 생각했다는 것이다.

내 경험도 이 원리와 같다. 처음부터 내가 대형 아파트나 소형 빌딩을 낙찰받는 건 어려울 수 있다. 내 히스키트는 반지하 빌라였다. 이것으로 작은 실패와 성공을 했기 때문에, 큰 건물도 시도해보진 않았지만 할 수 있을 것 같다.

또 작은 실패를 통한 작은 성공은 살아가면서 삶에 자신감을 준다. 뭐든지 할 수 있다는 생각을 갖게 해준다. 스티브 잡스 사례에 '주변에 널려 있는 물건은 무엇이든 내가 직접 만들 수 있다는 생각이 들었다'라는 말의 출발은 '작은 히스키트'였다.

밀린 월급 걱정하던 평범한 직장인이었던 내가, 지금은 경제적 자유를 누리고 있고, 놀랍게도 책을 쓰고 강사로 활동하고 있다. 그리고 더 큰 목표를 향해 달려갈 수 있는 것도, 출발은 5년 전에 낙찰받은 서울에 낡은 반지하 빌라에서 시작했다. 그러니, 당신

도 지금 당장 시작하라. 꼭 거창하고 큰 것일 필요는 없다. 작게 시작해라. 그리고 작은 실패를 하라. 그것이 모이면 나중에 큰 성공으로 다가올 것이다.

semi-basement

발칙한 월급쟁이의
경제적 자유 누리기

같은 생각을 하고

같은 행동을 하며

같은 감정을 매일 경험하면서

어떻게 인생에 다른 것이 나타나기를

기대할 수 있을까?

• 『브레이킹』 p 79, 조 디스펜자, 프렘 •

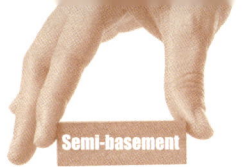

절약의 역설

절약이 미덕이라고 배우고 자랐기 때문에, 내가 말한 투자방법이 불편한 사람도 있을 것이다. 저축하지 않고, 돈을 모으면 계속 부동산을 사고 있으니 말이다. 하지만 무조건 아끼는 게 최고일지 생각해 볼 필요가 있다.

"아무도 비단옷을 입지 않으니, 나라 안에 비단 짜는 사람이 없고 비단업이 쇠퇴한다."
"재물은 대체로 샘과 같다. 퍼내면 차고 버려두면 말라버린다."

『북학의』조선후기 실학자 박제가

아무도 삼성 스마트폰을 사지 않으면, 반도체 산업은 발전하지 않을 것이다. 세계 최대의 반도체 공장도 문을 닫을 것이고, 그곳에서 일하는 근로자들은 실업자가 될 것이다. 실업자들은 수입이 없으니, 소비를 줄일 것이고, 다른 상품들도 사지 않을 것이다. 그러면 다른 상품을 생산하는 공장도 문을 닫을 것이고, 그 근로자들은 일자리를 잃는다. 수입이 없는 사람들이 많아지면, 국가 전체에 소비가 침체된다. 이런 상황은 정부가 가장 두려워하는 일이다. 경기 불황이 오면, 국가는 쇠퇴의 길을 걷는다.

18세기 후반의 조선에 대표적인 실학자 박제가는 '절약의 역설'에 대해 말했다. 이 말은 21세기 오늘날에도 그대로 적용되는 듯하다. 무절제한 과소비는 반대하지만, 국가 경제를 위해서라도 적당한 소비는 해야 한다.

요즘에 인터넷 기사나 블로그, 재테크 관련 서적을 보면 공통점이 있다. 한결같이 아껴 써서 목돈을 마련하라는 것이다. 점심값 7000원 대신 도시락 싸기, 택시는 절대 금물이고 버스비도 아껴라, 냉장고에 남은 음식으로 냉장고 파먹기, 한 달에 5만 원으로 살기 등 모두 절약을 강조하는 '짠순이 짠돌이 재테크'가 많다.

하지만 아무도 택시를 타지 않는다면, 우리나라 택시 기사님들의 생존은 누가 보장할 것이고, 모든 월급쟁이들이 회사 주변 식당을 이용하지 않는다면, 우리나라 식당 사장님들은 어떻게 살아갈 것인가? 정말로 소비가 많은 사람은 '스튜핏'한 사람이고, 소비가 없는 사람은 '그레잇'한 사람일까? 오히려 경제 활성화를 위해서는 이와 반대가 되어야 한다.

재테크란 정해진 방법이 있는 게 아니다. 절약이 첫 번째가 되어야 하는 것은 동의한다. 한때 나도 돈을 아끼기 위해 우유 한 개로 끼니를 때우기도 했다. 누군가 '돈은 안 쓰는 것이다'라고 정의를 내렸지만, 아무도 돈을 쓰지 않는다면 자본주의는 망하고 만다. 내가 세속적이기 때문인지 모르겠지만 원조김밥보단 참치김밥을 먹고 싶고, 아이스 아메리카노보단 캬라멜 마끼아또를 먹고 싶다. 버스보단 택시, 이왕이면 기사가 항시 대기하는 자가용을 이용하고 싶다.

> 돈은 그저 흘러가도록 해야 합니다. 돈을 잡아 가두거나 숨겨 두면 돈은 반드시 빠져나갑니다. 돈이 한곳에 너무 오래 머물러 있으면 썩습니다. 돈은 사람 사는 데에 꼭 필요한 것이니 써야 합니다. 그러니 돈이 잠시만 나를 스쳐 지나가도록 하십시오. 내 돈이라는 생각을 하지 마시고 내게 왔다가 잠시 머물고 떠나갈 손님이라고 여기십시오. 돈의 주인이라는 생각을 하면 안 됩니다. 물이 흘러 흘러 땅을 적시고 지나간 곳에는 곡식이 잘 자랍니다. 물이 곧 곡식이 되는 것은 아닙니다. 돈은 사람이 잘 살아가도록 해주는 것이지 돈이 곧 사람은 아닙니다. 그러니 사람이 돈을 위해 살면 안 됩니다.

> 십 년 동안 열심히 일해서 얼마를 모아야지 하는 어리석은 계획은 세우지 마십시오.
>
> 『토정비결 2권』 p293, 이재운, 해냄출판사

돈은 '돌고, 돈다'는 뜻이다. 돈은 계속 움직이고 싶어 한다. 가만히 두면, 고여 있는 물처럼 결국 썩고 만다. 손으로 쥐고 있으면, 손가락 사이로 빠져나간다.

내 경우에는 돈을 열심히 모아 두면 꼭 써야 할 일이 생기곤 했다. 가벼운 사고가 나서 목돈을 써야 한다거나, 주변에 누군가 급하게 돈이 필요하다고 빌려 달라고 한다.

또 나에 대해 생각해 봤을 때, 꾸준히 모으는 성격은 아니었다. 열심히 돈을 모아 통장에 잔고가 많아지면, '고생해서 모았으니, 그에 대한 보답으로 나에게 상을 줘야 한다'라며 너무 많은 상을 나 자신에게 주며 소비를 했다.

또 앞에서도 소개했듯이, 돈을 가만히 두는 게 아까운 것 같아 잘 알지도 못하는 주식에 손을 댔다가 큰 손해를 보기도 했다. 이렇게 어느 정도 돈이 차면 꼭 나갈 일이 생기거나, 그런 일이 없으면 내가 쓸 일을 만들었다. 악착같이 모으는 건 나와 맞지 않았다.

그래서 나는 내 통장을 비우기로 했다. 소비재를 구매하면서 돈을 쓰는 게 아니라, 자산을 사면서 비우기로 했다. 일정한 수입은 주변 고마운 사람들을 위해 쓰고, 어려운 사람들을 돕는데 쓴다. 그러면 어느 사이에 잔고는 채워진다.

몇 년 전에 자동차가 필요했다. 나는 '자동차 구입'에 대해 부정적인 생각이 많았다. 내 주머니에서 돈을 꺼내가는 확실한 '부채'이기 때문에 구입을 계속 미뤘다. 그런데 아내의 직업은 시외로 가야 할 일이 많았고, 내 회사생활과 경매 임장을 할 때도 필요할 일이 많았다. 그래서 아내와 상의 끝에 구입하기로 했다.

하지만 바로 구입하진 않았다. 자동차를 구입했을 때 생기는 비용을 먼저 고려했다. 자동차 할부 원금과 이자, 보험료, 기름값 등을 생각해보니, 한 달에 평균적으로 60만 원이 들것이라고 생각했다. 지금 당장 구입한다면, 내 생활은 60만 원만큼 어려워질 것이다. 그래서 자동차 구입을 위한 프로젝트를 만들었다. 약 8개월 동안, 월 60만 원의 현금흐름을 만든 후, 나는 자동차를 구입했다. 회사 동료들은 내가 그 자동차를 월급으로 산 줄 알고 있지만, 내 월급은 건들지 않았다. 내 자동차 구입 프로젝트의 자산이 만들어낸 현금이 사준 것이었다.

나는 자산을 먼저 사고 부채를 갚는다. 대다수 사람들은 소비재, 즉 부채를 먼저 사고 돈을 갚는다. 그래서 계속 월급을 위해 일해야 한다. 당장 필요한 물건을 사지 못해 인내심이 필요할지 모르지만, 수입이 늘지 않고 지출이 커지는 것보다는 낫다.

이와 같이 내가 생각하는 재테크는 '정해진 수입 안에서 아껴

살라'라는 게 아니라, '수입을 늘려라'라는 것이다. '수입을 늘려 사치스럽게 살아라'가 아닌 자본주의의 발전이 가져다준 혜택은 충분히 누리면서 '나 자신과 가족, 사회에 감사하며 베풀면서 살자'는 생각이다.

남다른 연봉 올리기

개인도 자신의 영역에서 먹고 살 수 있어야 자존감을 확보할 수 있다. 이것은 단순히 잘살고 못살고의 문제가 아니다. 살면서 다양한 사람을 접하게 되는데 자신 스스로가 벌어먹는 사람들은 기본적으로 당당하다. 반면 다른 사람에 의존해서 사는 사람들은 겉모습과 상관없이 본질적으로 비굴하다. 좋은 차를 타고 높은 위치에 있다고 해도, 그 자리가 자신의 역량이 아니라 타인의 호의로 주어진 사람들은 근본적으로 남의 눈치를 보고 산다.

『지금 마흔이라면 군주론』 p69~70, 김경준, 위즈덤하우스

회사를 그만두고, 가장 좋은 일은 남의 눈치를 보지 않아도 된다는 것이다. 먹고살 수 있는 현금흐름 시스템을 구축해 놓으니, 누구에게 잘 보일 필요가 없다. 마음이 가는 대로 행동하면 된다.

회사에서 일할 때는 눈치 안 보고 소신껏 행동하려 했다. 하지만 어쩔 수 없이 회사는 고용주이고 직원인 나는 피고용인이었다. 언제까지 일지 모르지만, 당분간 회사는 다녀야 했다. 그래서 내 마음대로 행동할 수 없었다. 내 역량을 판단하는 윗사람에게 잘 보이려고 노력을 하지는 않았지만, 구태여 밉보일 필요는 없었다. 내 집보다 오래 머물고 있는 회사라는 공간에서, 내 아내보다 많은 시간을 보내는 직원들과 불편하게 지내고 싶지 않았다.

분명히 월급을 받는 건 회사의 호의로 주어진 것이다. 내가 아무리 뛰어난 토목 설계 엔지니어였다고 해도, 회사가 없으면 아무 소용이 없다. 강도의 차이는 있겠지만, 눈치를 보고 살았다. 그래서 회사를 다니며 스트레스를 받았다.

회사를 다니는 6년 동안 월급은 많이 오르지 않았지만, 내 자산에서 나오는 현금흐름 소득은 작지만, 꾸준히 늘었다. 그런데 신기하게도 자산 소득이 늘어날수록 회사에서 받는 스트레스가 줄어들었다. 회사에 대한 경제적인 의존도가 낮아지고, 스스로의 경제 자립도가 높아지니, 다른 직원이 나에 대해 '어떻게 생각할까?'라는 두려움이 점점 사라졌다. 내가 남보다 업무 성과를 내지 못하더라도 그렇게 신경 쓰이지 않았다.

회사 직원 중에 나이가 같지만 입사는 2년 빠른 Y선배가 있었다. 내 취업이 늦은 이유도 있었지만, 그는 학교를 졸업하기 전 입사하여 사회 진출이 빨랐다. Y선배는 업무능력도 좋았고, 그래서 회사에서 평가도 좋고, 사람들과 관계도 좋았다. 한눈에 봐도 '엄친아'였다. 그런 완벽한 모습에 그를 항상 부러워했다.

그에게 한 가지 더 놀랐던 건 회사 최연소로 '전문 기술사'를 취득했다는 것이다. 학계에 교수와 박사가 있다면, 실무에는 기술사가 있다. 엔지니어라면 누구나 한 번쯤 생각해 보는 자격증인데, 난이도와 경쟁률 때문에 쉽게 도전하지 못한다.

모든 사람들이 축하를 해줬고, 일부는 부러움의 시선으로 바라보기도 했다. 그는 회사에서 승승장구할 것이다. 내가 만약 자산소득이 없었다면 그를 엄청 부러워했을 것이다. 어쩌면 배가 아팠을 수도 있다. 나와 나이는 같은데, 직급도 높고, 월급도 많이 받는데, 자격증으로 능력을 인증했다. 나와 그를 비교하기 딱 좋았다. 그는 회사에서 훌륭했지만, 나는 별 볼 일 없었기 때문이다.

하지만 지금의 나는 다른 회사 직원들과 비교할 수 없다. 비교라는 건 비슷한 공통점이 있을 때 가능하다. 컴퓨터와 노트북은 비교가 가능하지만, 컴퓨터와 강아지는 비교할 수 없다.

Y선배는 회사에서 성장하는 게 목표이고, 나는 경제적인 자유를 누리고, 내 꿈을 찾아 자유롭게 사는 게 목표이기 때문에 같은

잣대로 비교할 수 없다. 그래서 오히려 나는 진심으로 그를 축하해 줄 수 있었다. 같은 길을 걸어갔으면, 나는 그와 비교를 하고 열등감을 느꼈을 것이다.

그에게 비결을 물었더니, 2년 동안 퇴근 후 매일 도서관에 가서 밤늦게까지 공부를 했다고 한다. 휴일도 없이 공부했고, 하면서 너무 괴롭고 힘들었다고 했다. 원래 똑똑한 사람인 줄 알았는데, 남몰래 열심히 살았던 것 같다. 왜 자격증을 취득했나 물어봤더니,

"자격증을 따면 월급 50만 원을 더 주거든. 그리고 나중에 5~6년은 회사에 더 오래 일할 수 있잖아"라고 했다.

물론 월급쟁이들이 자신의 꿈을 성취하기보다는 '먹고살기 위해' 일하는 경우가 많다. 하지만 업무에 대한 깊은 관심에 의한 공부가 아니고, 연봉을 올리고, 생명 연장을 위한 공부였다면 그 일은 즐겁지 않았을 것 같다.

회사에 다니면, 전문성은 높아지지만 시야가 좁아진다. 이 분야에 몸을 담고 있다면, '꼭 이 분야에서 성장해야겠다'라는 생각이 커져 다른 분야를 놓치기 쉽다. 나는 회사에 뜻이 없었기 때문에 직무를 계발하여 연봉을 올리지 않고, 자산을 구매하여 연봉을 올렸다. 같은 목표였지만, 다른 방법을 취했다.

Y선배는 2년을 노력하여, 50만 원 × 12개월 = 600만 원의 연봉을 올렸다. 만약 내가 이 공부를 했다면, 3~4년은 더 걸렸을 것

이다. 나는 토목공학 공부에 소질이 없는 것 같았고, 재미도 느끼지 못했다. 그래서 나는 내가 좋아하는 걸 선택했다. 나는 같은 기간 동안 자산을 구매하여, 600만 원의 2배가 넘는 추가 연봉을 만들었다.

재미있게 부동산 자산을 구매했지만, 스트레스도 많이 받았다. 한 번은 무리하게 늘렸던 부동산이 임대가 되지 않아, 원형탈모까지 왔다. 회사 동료들은 업무에 너무 스트레스받지 말라고 말했지만, 회사 때문이 아니고 순전히 부동산 때문이었다. '재미있다'는 게 쉽고 편했다는 말은 아니다.

만약 당신이 자기계발을 통해 월급을 올리고, 목숨을 연장하고 싶다면, 꼭 회사를 다니며 야간 대학원에 다니거나, 전문 자격증을 딸 필요는 없다. 회사를 다니고 있어도, 회사 안에만 답이 있는 건 아니기 때문이다. 자격증은 회사가 있어야 존재할 수 있지만, 나는 회사가 없어도 평생 연봉이 보장된다. 그래서 나는 기술사 자격증이나 박사 학위 보다 내 반지하 빌라가 좋다.

가난한 사람은 게으르다?

큰 흉년이 들어 백성 중에 굶어 죽는 사람들이 많아졌다. 이들 중 하늘을 원망하는 사람도 있는데, 내가 보기에 굶어 죽는 사람은 거의가 게으른 사람이 많더구나. 하늘은 게으른 사람을 가장 싫어해서 벌을 내려 죽이려는 것이다.

조선 후기 실학자 정약용이 강진에서 유배하던 때 두 아들에게 전하는 당부의 글을 담은 서첩에 있는 내용이다. 조선시대에도 굶어 죽는 건 게으른 사람이었다. 게으른 사람은 남의 핑계를 잘 댄다. 가난한 이유를 자기 자신에게서 찾지 않고, 남에게서 찾는다. 흙수저와 금수저 론을 내세우며 태생을 탓하고, 불황이 찾아와 먹고살기 힘들다고 한다. 본인이 게으른 것은 생각하지 않고, 타인과 국가의 잘못된 점을 찾기 바쁘다. 정작 자신의 삶은 되돌아보지 않고, 삶의 진보를 위해 노력하는 건 없다.

> 사람들은 불황이 오면 모든 회사들이 판매 부진을 겪는다고 착각하는데 전혀 그렇지 않습니다. 오히려 판매가 원래부터 부진한 기업이나 내실이 약한 기업이 상품을 못 팔게 됩니다. 판매 실적이 좋은 기업이나 내실이 다져진 기업은 불황에도 상품을 잘 팝니다.
> 『야나이 다다시 유니클로 이야기』 p193~194,
> 가와시마 고타로, 비즈니스북스

야나이 다다시 말은 오직 회사만 해당되지 않는다. 개인도 이와 마찬가지다. 불황이 오면, 내실이 약한 개인들이 쓰러지는 것이지, 미래를 꾸준히 준비한 사람은 쓰러지지 않는다.

회사에 취업을 하고 얼마 되지 않아 월급이 나오지 않았다. 이런 상황을 한탄만 하고 있을 수 없었다. 나에게 왜 이런 대우를 하냐고 회사를 원망하지도 않았다. 오로지 나 자신만 생각하고, 해결방안을 모색하고 행동했다. 회사를 원망하고, 탓해봤자 나에게 돌아오는 건 하나도 없기 때문이다.

필리핀 속담에 '하고 싶은 일에는 방법이 보이고, 하기 싫은 일에는 핑계가 보인다'는 말이 있다. 회사가 어려운 상황에서도 대부분 직원들은 '나는 처자식들이 있어서 무리한 투자는 하지 못해. 안정적인 길로 가야 해. 조금만 기다리면 월급이 나올 거야'라고 말했다. 내가 지금 행동하지 않는 합당한 여러 가지 핑계를 찾기 바빴다.

오히려 나는 처자식들이 있기 때문에 회사 하나만 믿는 게 더 위험하다고 생각했고, 다른 곳으로 눈을 돌려 투자를 해야 한다고 생각했다. 삶을 살아가야 했기 때문에 다른 방법을 찾았다.

내 친구 T는 나를 만나면, 항상 "이제 집이 몇 채야?"라고 묻는다. 투자에 관심이 많고, 어느 정도 투자금도 있는 그는, 항상 묻기만 하고 행동하지 않는다. 내게 '용기 있다. 부럽다'라고 말하며 자신도 더욱 준비를 갖추고, 시작한다고 한다.

내 생각엔 그 친구만큼 준비가 잘된 사람은 없는 것 같다. 안정적인 회사에 다니고 있고, 월급도 많이 받는다. 부모님도 경제적으로 넉넉하시고, 머리도 좋다. 단지 그가 나보다 부족한 것 하나는 가슴속 깊숙한 곳에 '간절함과 절박함'이 없었다. 그는 당장 투자를 할 필요가 없는 것이다.

짐 콜린스가 쓴 『좋은 기업을 넘어 위대한 기업으로』라는 책이 있다. 이 책의 요지는 좋은 기업은 위대해지기 힘들다는 것이다. 이미 너무 좋다면 굳이 위대해질 필요가 없다. 그런 점에서 위대한 기업의 적은 '좋은 것'이라는 것이다.

내 친구 T도 자신의 삶이 이미 만족스럽고, 좋기 때문에 굳이 위험한 시도를 할 필요가 없다. 하지만 나는 반대였다. 나는 그저 돈을 벌기 위해 부동산 경매를 한 게 아니었다. 살기 위해서 선택한 길이었다. 굶어 죽을 수도 있겠다는 생각이 들어 목숨을 지키기 위해 시작한 길이었다. 누구보다 부지런히 뛰어다녔고, 준비가 완벽하지 않았지만, 우선 행동했기 때문에 지금의 자산을 모으고, 경제적인 자유를 누릴 수 있었다.

나 자신을 되돌아보면, 입사하자마자 월급이 나오지 않았던 끔찍한 상황에 감사한다. 덕분에 내가 게으르지 않을 수 있었다. 만약 회사에 위기가 없었으면 안전한 상황에 나는 만족하고, 월급날만 기다리며 평생을 살다가 몇 푼 안 되는 국민연금에 의지하고 살았을 것이다.

앨리스가 여전히 헐떡이며 말했다.
"음, 우리 세상에서는 지금처럼 오랫동안 빨리 뛰면 보통은 어디엔가 도착하게 돼요."
...붉은 여왕이 말했다.
"느릿느릿한 세상이군. 그렇지만 보시다시피 이곳에는 네 힘껏 달려도 결국에는 같은 곳에 머물게 돼. 어딘가에 가고 싶다면 적어도 그 2배 속도로 뛰어야 한단다."

「거울나라의 앨리스」중

나는 남들과 같은 방향으로 뛰지 않았다. 같은 방향으로 2배 속도로 뛰는 건 나와 맞지 않다고 생각했다. 그래서 남들과 다른 방향으로 뛰었다. 23채의 소중한 내 반지하를 취득하기 위해 수백 번도 넘게 패찰했다. 회사에 출근하기 전, 새벽 3시에 일어나서 페인트를 칠하고 출근하고, 퇴근 후에는 부동산을 보러 다니고, 연휴 때는 집 수리를 했다. 사람들이 술 마시고 스마트폰 게임하고 TV로 시간을 보내고 있을 때, 나는 서울 시내를 누구보다 많이 걸어 다녔다. 그래서 지금 경제적인 자유를 누릴 수 있다.

틈틈이 독서를 하고, 여러 생각들에 대한 글을 썼다. 독서를 하다 보니 부동산 시장의 움직임을 조금씩 알 수 있었고, 부동산 시장의 큰 움직임을 관찰하고 그에 맞춰 행동했다. 안전한 자산에 투자한다면 대출은 문제가 되지 않는다고 판단하고 빚을 졌고, 현금흐름을 만들었다.

혹시라도, 내가 판단을 잘못하여 금리가 오르거나, 각종 세금을 많아져도 내가 행동한 일에 대해서 당연히 책임질 것이다. 하지만 그와 같이 나에게 불리한 정책이 온다면, 나 자신에게 비난을 하거나, 세상에 대해 불평을 하기 전에 상황을 바꾸려 노력할 것이다. 나는 그에 맞게 또 부지런히 움직일 것이다.

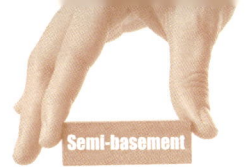

경제적 자유를 누릴 수 있었던 2가지 이유

두께 0.1mm 신문지를 몇 번 접어야 달에 도달하는지 아는가? 현실적으로 그만큼 접는 것은 불가능하지만 이론적으로 계산해 보면 겨우 42번 만에 달까지 도착한다고 한다. 작은 일도 조금씩 반복하게 되면 아주 큰일을 이룰 수 있다.

『서른과 마흔사이』 p114, 오구라 히로시, 토네이도

평범한 내가 해냈으니, 당신도 분명히 할 수 있다. 내가 경제적 자유를 누릴 수 있었던 첫 번째 이유는 작은 일은 계속 반복했기 때문이다. 작은 일은 누구나 반복할 수 있다. 나는 현금흐름 소득을 위해 작은 반지하 빌라를 계속 구입했다. 아파트나 지상층 빌

라를 계속 구입했다면, 지금의 성과를 이루지 못했을 것이다.

나한테는 그것들은 너무나 비쌌다. 물론 반지하 빌라가 상대적으로 저렴하다는 말이지, 싸다는 말은 아니다. 내가 가진 가장 저렴한 빌라도 고급 승용차 한 대 값 이상이다. 아무도 보지 않는 반지하 빌라를 시세보다 싸게 샀다. 남들이 가지 않는 길에는 이유가 있지만, 반대로 남들이 보지 못하는 기회가 있다고 생각한다.

나는 부동산에 관한 학위도 없고, 관련 회사에서 근무한 경험도 없다. 당신과 같은 평범한 월급쟁이였다. 당신이 경제적인 자유를 원하는 간절한 마음이 있다면 누구든 할 수 있다.

처음 부동산 경매를 시작했을 때, 월급 이상을 월세로 받는다는 생각조차 하지 못했다. 이게 무슨 말이냐 하면, 예를 들어 매번 시험에서 꼴등을 하던 고등학생이 이번 기말고사에서 1등을 하겠다고 생각한다는 것과 비슷하다. 1등을 하지 못한다는 말이 아니라, 1등을 하겠다는 생각조차 하기 힘들다.

그런데 이 학생이 '이번 기말고사는 반에서 20등 하겠다. 그 다음 반에서 10등, 그 다음은 1등을 하겠다'라고 생각을 했다. 분명히 이 학생이 실현을 위해선 많은 노력을 해야겠지만, 적어도 가능한 목표라고 스스로 생각할 것이다.

다시 말하지만, 이건 이 학생의 실현 가능성을 말한 게 아니고, '생각할 수 있느냐'를 말한 것이다. 우리는 자신의 생각으로 스스로를 제한한다. '현실적으로 이게 말이 되나?'라고 스스로에게 말하며 자신의 한계를 낮추는 경향이 있다.

이런 경향은 나도 마찬가지였다. 5년 전, 경매를 시작할 때 누군가 나에게 '월급만큼 월세를 받을 수 있다고 목표를 잡아'라고 했다면, '말도 안 된다'라고 생각했을 것이다. 하지만 '한 채를 받아 25만 원의 수익을 목표로 잡아'라고 했으면 가능하다고 생각했을 것이다. 월세로 월급만큼 받는 건 눈에 보이지 않지만, 한 채를 낙찰받는 건 눈에 보였다. 그래서 나는 작은 목표를 계속 세웠다. 그랬더니 어느 순간 임대소득이 근로소득을 넘어섰다.

이것은 밤에 운전을 하는 것과 같다. 내가 서울에서 부산으로 자동차를 타고 운전을 한다면 헤드라이트가 비추는 몇 십 미터 앞밖에 보이지 않는다. 눈앞에 보이는 길만 따라가다 보면, 어느샌가 목적지인 부산에 도착한다. 눈앞에 보이는 몇 십 미터 앞을 보고 가다 보면, 결국 400km 거리의 부산에 도착한다. 월세 10~20만 원이 모이면, 결국 월급을 넘어선다.

송이버섯은 땅 밑에 균근이라고 하는 뿌리를 갖고 있다. 이 뿌리는 조건이 좋아지면 점차 원형으로 퍼지면서 자란다. 그런데 한없이 조건이 좋으면 뿌리만 발달하게 되어 버섯을 만들지 못하고 노화해서 죽어 버린다. 버섯이 생기려면 어떤 시점에서 뿌리의 성장을 방해하는 조건이 주어지면 된다. 계절적 온도 변화나 송진 등의 산성 물질 등의 방해요소를 만나야 한다. 이런 방해에 부딪히면 뿌리는 포자라는 형태로 종자를 만들어 송이버섯이 된다.

『학문의 즐거움』 p145, 히로나마 헤이스케, 김영사

두 번째 이유는 앞에서도 소개한, 회사가 내게 월급을 주지 않았던 일이다. 송이버섯이 탄생하기 위해서 여러 방해요소가 있어야 하는 것처럼, 사람도 성장하기 위해서는 방해요소가 있어야 한다. 나처럼 회사가 월급을 주지 않는 경우도 있고, 사내 정치에 휘둘려 열심히 일하지만 만년 과장으로 남아 있는 경우도 있다. 또 회사가 수당 없이 일을 시키거나, 지방으로 좌천시키는 경우도 있다.

당시에 기분은 유쾌하진 않았지만, 역설적이게도 이런 상황이 있었기 때문에 나는 경제적인 자유를 누릴 수 있었다. 우리는 항상 너무 좋은 조건을 찾으려 한다. '부동산 상황이 더 좋아지면, 투자해야겠다', '돈을 조금 더 모으면 투자하겠다', '공부가 아직 부족하니 좀 더 공부하고 투자해야겠다. 준비가 되지 않았다'와 같이 말이다.

하지만 우리가 현실에 머물러 있는 이유는 이미 너무 조건이 좋기 때문일 수도 있다. 뿌리만 발달하고, 버섯이라는 결과물을 만들지 못하고 죽어 버리는 송이처럼 말이다. 월급쟁이가 경제적

인 자유를 누리기 위해서는 방해요소가 있어야 한다. 시련이 내게 찾아온다면 감사하게 받아들여야 한다.

회사는 언제 그만두어야 하는가?

재산을 모으는 첫 번째 처방은 수입이라는 물줄기를 만들어 내는 것이다. 끊임없이 물이 흘러들게 만들어야 한다. 직업은 끊임없이 흘러드는 물줄기지만, 복권에 당첨된 것은 한 동이의 물이다. 물줄기를 이루지 못한다. 퇴직금 역시 한 동이의 물이다. 쓰면 줄어들게 마련이고 줄다 보면 마르게 된다. 직업이 그렇게 중요한 이유는 끊임없는 수입의 물줄기를 흘려주기 때문이다.

『내가 직업이다』 p218, 구본형, 북스넛

지금까지 23채의 부동산 자산을 구축하는데 회사는 가장 큰 역할을 했다. 회사가 중요한 이유는 구본형 작가의 말처럼, 수입이라는 물줄기를 만들어 준다. 살아가는 데는 한 동이의 물보다 흘러드는 물줄기가 더 중요하다. 현금흐름 소득은 흘러드는 물줄기이고, 자본이득은 한 동이의 물이다. 그래서 나는 현금흐름 소득이 더 좋다.

월급이라는 흘러드는 물줄기를 현금흐름 소득으로 대체할 수 있는 시간을 벌어야 한다. 그래서 회사는 중요하다. 처음 투자를 시작하며 세운 목표는

> 임대소득 > 근로소득

이렇게 만들면, 회사를 그만두려 했다. 시간이 지나 임대소득이 근로소득을 넘어섰는데, 당장 그만두기가 불안했다. 하지만 뭔가 부족했다.

그렇다면 회사는 언제 그만두어야 할 것인가. 일하기가 너무 싫을 때일까? 임대소득이 근로소득의 2배가 되었을 때일까? 회사는 내 자유를 구속하고, 가끔 소중한 주말을 뺏는다고 생각하지만, 매달 들어오는 월급을 받을 때면 "조금만 더 참아보자"라는 생각으로 위로를 한다.

무작정 이 일이 싫고, 회사가 감옥처럼 답답하다고 그만두긴

싫다. 아니, 그만둘 수 없다. 회사는 내가 그만두지 못할 만큼 월급을 준다. 한 달 생활비를 딱 맞춰 월급을 주기 때문에 다음 달 내가 생존하려면 회사가 필요하다. 매달 월세가 들어오고 있지만, 1개의 라인에서 들어오는 소득보다 2개의 라인에서 들어오는 소득이 훨씬 안정적이다. 특히 월급이란 파이프라인은 물줄기가 가장 크다. 그래서 쉽게 이 파이프라인을 포기하지 못한다.

그렇다면, 젖은 낙엽처럼 회사에 붙어 있다가 나가라고 할 때까지 버티고 있어야 할 것인가? 또 그렇게 하긴 싫다. 언젠가는 그만두어야 한다는 건 알겠는데 지금 당장은 아닌 것 같고, 언제 그만두어야 할지 잘 모르겠다.

회사를 그만두는데도 기준이 필요하다. 회사 일을 하다 보면 너무 바빠서 새벽까지 일하는 경우도 있지만, 한가로운 경우도 있다. 그런 날이면 업무시간에 여유롭게 동료들과 커피 한 잔을 즐기고, 웹서핑과 인터넷 쇼핑을 몰래 하곤 했다. 예전에는 이런 날이 너무 좋았다. 가만히 앉아 있어도 월급을 주기 때문이다. 이런 시간이 영원했으면 좋겠다고 생각했다.

하지만 최근에는 달랐다. 시간이 너무 아까웠다. 무의미하게 동료들과 농담 따먹기를 하고 싶지 않았고, 흥미도 없는 상사의 과거 무용담을 듣고 싶지 않다. 언제부터인가 이런 잉여의 시간이 너무 아까웠다. 어쩔 수 없이 근무시간을 채우기 위해 자리에 앉아 있는 내가 불쌍해 보였다. 마치 살아 있는 송장 같았다. 이렇게 무의미한 시간을 보내기보다는 월급을 받지 않더라도 내가 하고 싶은 일을 하고 싶었다. 오로지 나를 위해 시간을 쓰고 싶었다.

회사를 그만두는 기준은 내 마음속에 귀를 기울여 보는 것이다. 그리고 마음속 목소리를 따르면 된다. 회사에서 여유로운 시간을 보낼 때, 그 시간이 너무 좋다면 아직 그만둘 때가 아니다. 혹시라도 임대소득이 근로소득보다 많다고 해도 회사에 더 근무하는 게 좋다.

하지만 그 시간이 아깝다는 생각이 든다면 회사를 박차고 나가도 좋다. 그런 생각을 한다는 건, 회사에서 시간을 보내는 것보다 회사를 나가서 훨씬 더 의미 있게 시간을 보낼 수 있다는 증거이다. 자신의 내부의 목소리를 따른다면, 삶에 더욱 만족하며 값지게 살 수 있다. 누가 알겠는가? 회사를 그만두면 당장은 월급보다 많이 벌기는 어려울지 몰라도 1~2년 후에는 현재의 10배 이상의 소득을 올릴 수 있을지도 모른다. 그래서 나는 회사를 그만뒀다.

에필로그

"팀장님, 저 회사를 그만두겠습니다."

"뭐? 왜 그러는데 반 대리~ 무슨 일이야? 힘든 일 있으면 내가 해결해 줄게. 갑자기 왜 그래?"

"책을 쓰려고 합니다."

"책?? 웬 책? 네가 책을 쓴다고?"

"팀장님께는 말씀드리지 못했지만, 그동안 부동산 경매를 했습니다. 그 내용을 쓸 생각입니다."

"내가 20년 회사생활을 했지만, 책 쓴다고 그만둔 놈은 네가 처음이다."

이렇게 해서 나는 회사를 그만두었다.

처음 내 이야기를 공개하려고 마음먹었을 때, 과연 '나 같이 평범한 사람이 책을 쓸 수 있을까?' 하는 두려움이 앞섰다. 나는 책을 써본 경험도 없고, 좋은 학교를 나온 똑똑한 사람 역시 아니다. 부동산 관련된 석사나 박사 같은 화려한 학위도 갖고 있지 않았고, 관련 회사에서 일하지도 않았다. 즉, 이 분야에서는 아무 스펙도 갖고 있지 않다.

하지만 내 이야기를 나 혼자만 갖고 있기가 아까웠다. 너무나 말하고 싶었다. 마음 같아선, 모든 월급쟁이들에게 일일이 찾아가 얘기해주고 싶었다. 가족들을 위한 삶을 살고 있는 대한민국 월급쟁이에게 자신의 삶도 돌볼 수 있도록 도움과 용기를 주고 싶었다.

내 얘기에 거부감을 갖는 사람도 많았지만, 내 이야기에 공감을 해주는 사람도 많았다. 평범한 월급쟁이도 부지런히 노력하면 경제적 자유를 누릴 수 있다. 우리 모두는 자신의 꿈을 찾고 하고 싶은 일을 하면서 살 수 있다. 우리는 꿈을 이루기 위해 이 세상에 태어난 것이다. 하고자 하는 마음이 간절하니, 내 단점들이 장점으로 보였다.

> 세상에 좋고 나쁜 일이란 없다. 단지 우리가 그렇게 생각할 뿐이다.
>
> 셰익스피어

셰익스피어의 말처럼, 세상엔 좋고 나쁜 일은 없다. 내가 그 일을 보고 좋거나 나쁘다고 생각하는 것이다. 회사의 월급이 나오지 않았던 일은 분명히 나쁜 일이었다. 정확히 말하면, 내가 나쁜 일이라고 생각했다.

하지만 회사가 문제없이 월급을 지급했으면 나는 지금 다른 인생을 살고 있을 것이다. 월급이 나오지 않았던 일은, 어쩌면 내 인생의 최고의 기회였다. 이것 역시 내 생각이 만든 것이다.

책을 쓴다는 것도 내가 가진 '아무 스펙 없음'이 어쩌면 누구보다 훌륭한 공감대를 일으킬 수 있다고 생각했다. '이런 사람도 했는데, 내가 못할게 뭐가 있어?'라는 용기를 줄 수 있을 것 같았다.

부동산 석·박사가 쓴 책은 신뢰가 가지만, "그들은 공부를 많이 해서 투자에 성공한 거야. 평범한 나와는 거리가 멀어."라고 생각하기 쉽다. 현업에 종사하는 부동산 전문가들이 쓴 책은 "그들은 실무 경험이 많으니, 몇 백 채의 부동산을 거래하여 돈을 벌었다는 이야기가 내게는 현실감이 없어"라고 생각하기 쉽다.

하지만 나는 이 책을 읽는 당신과 같이 경제적 자유를 꿈꾸는 평범한 월급쟁이였다. 내가 돈이 많은 사람이었으면, 반지하 빌라를 선택하지 않았을 것이다. 남들과 같이 '아파트를 사서 전세로 보유하고 갭투자를 하라'라고 말했을 것이다.

꼭 반지하 빌라가 아니어도 된다. 현금흐름에 투자를 하던 자본이득에 투자를 하던 정답은 없다. 자신에게 맞는 투자를 하면 된다.

　지금 시간이 없어 행동하지 못한다면, 앞으로도 행동할 시간이 없다. TV와 스마트폰을 끄고, 친구들과 약속은 미뤄라. 투자는 시간 날 때 하는 게 아니고, 시간을 만들어서 하는 것이다.

　나 자신과 내 가족을 위해 돈에 구애받지 않고 자유롭게 살 수 있다는 믿음과 경제적인 자유를 원하는 '간절함'만 있으면 된다. 그리고 지금 당장 투자를 시작하면 된다. 당신이 지금 행동하는데, 내 이야기가 당신에 마음의 불꽃을 점화시켜 주었으면 한다. 모든 발전은 당신이 얼마나 변화하고 싶은 의지가 있느냐에 달려 있다.

강남 아파트보다
반지하가 좋다

초판 1쇄 펴낸날 : 2018년 3월 20일
초판 2쇄 펴낸날 : 2019년 1월 24일

지은이 : 반지상
펴낸이 : 이금석

마케팅 : 곽순식
기획·편집 : 박수진, 박지원
디자인 : 책봄 디자인 스튜디오
물류지원 : 현란

펴낸곳 : 도서출판 무한
등록일 : 1993년 4월 2일
등록번호 : 제3-468호

주 소 : 서울시 마포구 서교동 469-19
전 화 : (02)322-6144
팩 스 : (02)325-6143
홈페이지 : www.muhan-book.co.kr
e-mail : muhan7@muhan-book.co.kr

값 : 15,000원
ISBN : 978-89-5601-366-4 13320